Alfred Mederer

AF280601

ZEITSONDE 2000

Offenbarungen?

e-mail: amede@t-online.de
Der Autor, geb. 25.02.1924 in Deusmauer, Oberpfalz,
lebt in Oberstdorf.

Copyright © 2000
Herstellung: Books on Demand GmbH
ISBN 3-8311-0641-X

Widmung

Meinen Enkelinnen Hanna und Marlene sowie ihren Zeitgenossen/innen wünsche ich eine solidere Zukunft die nicht mehr auf den kranken Fundamenten der Gegenwart weiter bauen muß.

Mein Dank gilt allen, die direkt oder indirekt hier und aus dem Anderswo zu Erkenntnissen beigetragen haben.

Verständnis und Migefühl all denen, die meine oft unsanfte Ausdrucksweise überfordert.

Alfred Mederer

Inhalt, Kapitelüberschriften

Einleitung

Mit einer Sonde eindringen in die Zeit, nicht um vordergründige Abläufe zu messen, sondern um ihre Unschärferelationen, deren Irrwege erkennen zu lernen, ist das Anliegen meines Buches. Es scheint mir weniger ein unbescheidener Anspruch als ein notwendiges Übel, hineinzuleuchten in eine umnebelte Vergangenheit, damit wir mit mehr Herz und Verstand Gegenwart und Zukunft bewältigen können. Der Mensch der Zukunft wird jener sein, der das längere Gedächtnis hat (nach Nietzsche). Wie viele von uns erfahren mussten, leistet die sattsam geübte Bewältigung der jüngeren deutschen Vergangenheit keinen tragfähigen Beitrag weder in die nahe noch in die fernere Zukunft. Dieser Pfad in das propagandistische Gestrüpp des offenkundigen Aufarbeitens vorgegebener Untaten von Besiegten, erweist sich als Irrweg, besonders für alle, die ihn so rigoros empfohlen haben. Rein materielle, ja ausgesprochen egoistische Absichten bis hin zur staatlich verordneten Willkür, prägten diese letzten Jahrzehnte des vergangenen Jahrhunderts, das vor allem die sogenannten Verantwortlichen unbewältigt hinterliessen.

Die Zeit der politischen Korrektheiten trübt die Wahrnehmung; auf dieser Gegenwart ist keine gute Zukunft zu gründen.

Wir müssen einsehen lernen, dass die Ungereimtheiten des moralischen und geistigen Zustandes unserer globalen Gegenwart nur lösbar werden, wenn wir wesentlich weiter zurück in die Jahrtausende sondieren. In jenen vernebelten Zeiten sind die Weichen gestellt worden, für all das, was wir vorfinden. Unwahrheiten, weit ab von der Realität der Schöpfung, sind als gottgewollte Gegebenheiten wie Gesslerhüte in den Weg der Erkenntnis gestellt worden.

Verglichen mit den Jahrmillionen während Schöpfungsvorgängen fristen wir ein kurzlebiges Erdendasein, das nicht ausreicht, mühselig erworbene Kenntnisse und Fähigkeiten sinnvoll genug umzusetzen. Käme uns nicht das allgegenwärtige Wissen des Universums, die grenzenlose Phantasie des schöpferisch Unbewussten zu Hilfe, wir wären nicht lebensfähig.

Über uns ein Wertehimmel, gespickt mit Glitzerkram, geboten von irdischen Instanzen, worin kein Leitstern erkennbar ist. In dem Überangebot an Unwerten, findet vor allem die Jugend keine rechte Orientierung. Eine Jugend, die nicht weiß, wofür oder wogegen sie sein soll. Auf ihr lastet der Druck, ohne Ideale funktionieren zu müssen - in einer Welt des grenzenlosen, des globalen Materialismus. Mutlosigkeit und Lethargie sind die Folge - nicht nur in der Jugend.

In einer Zeit der täglichen Täuschungen bieten weder Politiker noch Religionen Vorbilder, an denen man sich aufrichten könnte. Egoismus und Korruption scheinen auf als Leitstern des Zeitgeistes.

Werte und Wahrheiten stellte das vergangene Jahrhundert der heissen und kalten Kriege auf den Kopf. Im "Kampf der siebzig Völker" um den Besitz der Welt sind in Strömen von Blut keine tragfähigen Fundamente hervorgegangen; ist aus den Ruinen kein neues Leben erwachsen, das hoffen liesse?

Die Zeichen des Milleniums weisen auf unerhörte Veränderungen zu geistigem Aufbruch hin: Immer mehr Menschen kennen keine Autorität mehr an, der sie folgen möchten, sie erschliessen eigenmächtig Pfade, die wegführen von den falschen Propheten, sie schaffen Werte hin zu mehr Licht, unter Missachtung der empfohlenen Neuen Weltordnung. Ohne blutrünstige Macher, ohne apokalyptische Zerstörungswut, vollzieht sich der Wandel in ein neues Zeitalter.

Micha, der andere Prophet

Aus Goethes "Erwin und Elmire":

> Die Feinde, sie bedrohen dich, das mehrt von Tag
> zu Tage sich; wie dir doch çar nicht graut! Das seh
> ich alles unbewegt, sie zerren an der Schlangen-
> haut, die jüngst ich abgelegt. Und ist die nächste
> reif genug, ab streif ich die sogleich und wandle
> neubelebt und jung im frischen Götterreich.

Prophezeite Geschehnisse aller Art, die uns Erdlinge
heimsuchen sollten, meist vor dem magischen Jahr
2.000, sowie die zugehörigen umnebelten Schauplät-
ze verweigern sich. Oder möchten die Offenbarungen
nur aufgeschoben sein? Risiko und Schicksal von
Wahrsagungen, die sich nicht erfüllen. Die Magie der
Zahlen und Jahre erfasst uns, ob wir es wahrhaben
wollen oder nicht. Bis hinein in die Welt der Microsoft-
Vernetzung.

Etwa 3000 Jahre v. Ch. ist erstmals bei den Parsen
das Weltenende der damaligen Menschheit für das
vierte Weltalter, das des Kaliyuga, also für uns Zeitgenossen des Milleniums, vor dem Anbruch des 3.
Jahrtausends, vorausgesagt worden.

Nach der zoroastrischen Mythologie und dem Schöp-
fergott Ahura Mazda, könnten die Menschen auf Erden nicht glücklich werden; sie müssten sterben in
Kriegen und in Seuchen den Tod erleiden, auf daß sie
erlöst würden von den Übeln dieser Welt des Kaliyuga, einer Epoche, in der wir heute noch leben.

Sie nahm ihren Anfang vor 6.000 Jahren mit der Gründung des Reiches von Agarttha. Ein geheimnisumwittertes Reich im Untergrund, in den Tiefen unseres oder eines anderen Planeten, das in einer mongolischen Legende Agarti heisst.
Nach Hultun Beyli, einem mongolischen Stammesfürsten im Rahmen einer Erzählung:

"Vor mehr als sechzigtausend Jahren verschwand ein Heiliger mit einem ganzen Menschenstamm unter dem Erdboden, um sich niemals wieder an der Oberfläche zu zeigen. Viele Leute haben indessen dieses Königreich besucht..., aber niemand weiss, wo sich das Königreich befindet. Die einen sagen in Afghanistan, andere in Indien. In ihm ist das Volk gegen das Böse geschützt. Verbrechen gibt es nicht innerhalb seiner Grenzen. Die Wissenschaft hat sich in ihm ruhig entwickelt, nichts ist in ihm durch Zerstörung bedroht. Das unterirdische Volk hat das höchste Wissen erreicht. Das Land unter der Erde ist jetzt ein großes Königreich. Zu ihm gehören Millionen von Menschen. Sein Herrscher ist der König der Welt. Dieser kennt alle Kräfte der Welt und vermag in den Seelen der Menschheit und in dem großen Buch ihres Geschickes zu lesen. Unsichtbar regiert er über achthundert Millionen Menschen, die auf der Erdoberfläche leben. Sie sind jedem seiner Befehle unterworfen".

Wo immer sich die Welt des "Unterirdischen" befinden könnte, so wäre sie bei einer höher entwickelten Zivilisation mit möglichem Zugang zu einer vierten und fünften Dimension, nach Belieben unserem Zugriff entziehbar. Selbst dann, wenn sie mitten "unter" uns ist. Mit dem Kenntnisstand etablierter Physik danach suchen? Derlei Mythen und Fakten eignen sich trefflich, um jeden ins Lächerliche laufen zu lassen, der darüber vernehmbar nachdenkt. Wo käme man da hin, liesse die seriöse Wissenschaft Mutmaßungen über bewohnbare Unterwelten und ähnlich Unvorstellbares zu? Ausgerechnet akademisch Gebildete wollen am wenigsten über die erstellten Mauern hinaussehen, keineswegs absteigen in Unergründetes, das anrüchig, weil in keiner Schublade eingeordnet.

Die Templer und ihre Nachfolger könnten von diesem Reich des Unzugänglichen erfahren haben, das für nur Dreidimensionale nicht erkennbar ist. Haben sie, von der Kirche im ausgehenden Mittelalter bis zur letzten Konsequenz, bis zum gewaltsamen Tod Verfolgte, dort Zuflucht gefunden?

Nicht auszuschliessen: Ihnen genügte die Wiedereinzeugung, auch Reinkarnation genannt, was neue Leben, neue Chancen hier und im Anderswo zuliess, wovon die Tempelritter überzeugt gewesen sein mussten. Der Tod, das Ablegen der leiblichen Hülle, bedeutete ihnen vielmehr den Einstieg in eine bessere Welt, in eine Realität der unbegrenzten Möglichkeiten, von wo sie unbehindert einwirken konnten auf das Geschehen in der Welt der Dreidimensionalen.

Töten galt in der Zeit und Religion des Zoroaster nicht unbedingt als eine verwerfliche Tat. Dieser Auffassung müssen in Folge alle "Großen" auf Erden gehuldigt haben. Für Potentaten aller Art, Päpste, Heerführer und sich berufen Wähnende, schien das Töten Andersgesinnter, auch Feinde genannt, zur Erhabenheit gehörend. Die Lenker der Schlachten und Geschicke sahen sich allezeit im Recht - Gott höchstselbst war mit ihnen - wie sie sich selbst überzeugten. Wie schon im Alten Testament dargelegt, darf, wer Gott ist oder ihm nahe steht, töten nach Belieben. Das Verwunderliche ist, warum religiös verbrämte Lust am

Morden so lange und lammfromm hingenommen wurde, ohne darüber nachzudenken, wer da aus dem Schatten heraus Feindschaften und Kreuzzüge einfädelte.

Die übliche Floskel, Gott habe das so gewollt, verleitet zu einer Anklage gegen eben diesen Gott wegen Machtmissbrauch, unterlassener Hilfeleistung und seelischer Grausamkeit.

Gibt es ausser der Alleinseligmachenden eine Institution, eine Macht, die weltweit mehr Unheil verursacht haben könnte, und, die über mehr Energie zum Täuschen und zum Errichten von Lügengebäuden verfügte?

Keine Stimme aus den Wolken oder niedergeschrieben auf steinernen Gesetzestafeln kündeten von diesen "gottgegebenen" Vergehen an der Menschheit.

Als die Christenheit begann, ihre Macht in den ersten Konzilien vorzubereiten, wurden die Texte in die Bibel aufgenommen, die für geeignet befunden wurden. Die übrigen Schriften der Bibel fielen zum Teil dem "Index" zum Opfer; ihre Verbreitung wurde untersagt. In Internet-Zeiten änderte sich die Allein-Verfügbarkeit:

Undenkbar wie noch im 18. Jahrhundert zahllose Menschen wegen christlicher Glaubensdefizite und mit paranormalen Fähigkeiten verdächtigte als Hexen etc. öffentlich verbrannt werden konnten?

In Bad Windsheim läuft eine Ausstellung über die Hexenverfolgung, die den kritischen Blick über die abendländische Kultur sensibilisieren soll. Die Verfolgung der als Hexen verfemten Frauen und Männer dauerte über 300 Jahre, in denen nicht nur verbrannt, sondern auch zu Tode gefoltert und in Gefängnissen gestorben wurde.

Im Namen Gottes und des Erlösers starben nach vorsichtigen Schätzungen, bis zu neun Millionen Menschen. Es gab keine Medien, keine Schriften, die angeklagt hätten, denn sie befanden sich allesamt "in bewährten Händen".

Aus jüdischer Tradition geht hervor, dass etwa 500 v.Chr. der Prophet Esra 120 Schreiber zusammenrief, die den Text des Alten Testamentes auswählen sollten. Gesicherte Erkenntnis: 39 Schriften des Alten Testamentes sind das Produkt einer geplanten langjährigen Entwicklung christlicher Gelehrsamkeit.

Texte, die nicht in den Kanon der Bibel eingehen durften, bezeichnet man als apokryphe Schriften.
Das >Buch Henoch< ist nach Überzeugung der meisten Bibelexperten, Ende des zweiten vorchristlichen Jahrhunderts in Aramäisch oder Hebräisch abgefasst worden. Ein Original gibt es nicht mehr; es habe sich aber eine griechische Übersetzung in Ägypten gefunden, wie Walter-Jörg Langbein berichtet. Eine Übersetzung ins Deutsche verdanken wir August Dillmann (1823-1894).
Im Buch Henoch sind die >Gottessöhne< erwähnt, in den weiteren Kapiteln 7 und 8 als >gefallene Engel< beschrieben. Sind da wir alle, zusammen mit den strafwürdigen Engeln, in die Haftung mit einbezogen worden?
Propheten standen, wie es heisst, seit uralten Zeiten im Kontakt mit Gott oder Göttern; sie waren auserwählt, den Menschen Gottes Willen kundzutun, nicht immer in Form von warnend erhobenen Zeigefingern; in Weissagungen gekleidet, sollten sie den Menschen neben der Botschaft auch Angst vermitteln. Wie echt ist da wirklich der Auftrag von "oben", von außen? Nur Wille zur Selbstentfaltung einzelner Egozentriker kann es nicht in jedem Falle gewesen sein.

Prophetie bedeutet zuerst die Ankündigung einer im allgemeinen unheilvollen Zukunft, die aber mitunter durch besseres Verhalten abgewendet werden könne.

Im religiösen Verständnis, zum Beispiel dem der Juden, gibt es keinen Weltuntergang; keinesfalls war er für das Volk der Auserwählten gedacht.
Ein israelischer Gerichtshof bestätigte 1979, dass der Glaube an einen göttlichen Jesus wie auch an seine Menschwerdung mit dem Selbstverständnis eines Juden nicht vereinbar ist. Aber bei uns wird umso mehr christlich-jüdische Gemeinsamkeit gepredigt. Wider alle Vernunft, ohne die gewollte Distanz der Juden gegenüber denen wahrzunehmen, die der christlichen Nächstenliebe verpflichtet sind.
Das Jenseits zeige sich bei den Auserwählten jetzt, in der Ära des Retters Messias, der bereits unter ihnen weile. Was nicht mehr und nicht weniger ein irdisches Paradies für das Volk Gottes verheiße. Für sein Wohlergehen trägt die bundesdeutsche Gojim-Welt wesentlich mit bei, was nirgendwo, weder bei den Begünstigten, den Stellvertretern auf Erden, noch bei Jahweh selbst, Anerkennung finden mag.
Im Gegenteil: Wachsende Begehrlichkeit gegenüber den Geschmähten, den kollektiv Schamhaften. Sie funktionieren dennoch unverdrossen, leisten, was das Zeug hält.

Die Frühchristen erwarteten in Ergänzung zum versprochenen Paradies für die Bevorzugten, und in der ihnen zugeteilten Rolle, die Apokalypse des Johannes von Patmos, niedergeschrieben im Jahre 100 n.Ch., wozu auch das personifizierte Böse, der Antichrist, gehörte.
Reiche kämen nach ihrem Verständnis nicht in den Himmel.

Reichsein wäre ja für sich nichts Verwerfliches, wenn da nicht die angehäuften Milliarden für den Machtmissbrauch bedrohlich für die Völker, verheißungsvoll für deren Lenker bereitstünden. Um die Welt des Arbeitens "im Schweisse des Angesichtes", brauchen sich die Macher nicht bemühen; sie leben von Zinsen.

In fernöstlichen Ländern, bedeuten Wohlstand und Reichtum eine eher religiöse Belohnung. Nur Reichsein im Sinne der globalen Gewinnmitnahmen, ordnet eine wachsende Mehrheit dem schieren Materialismus zu.

Für Anhänger des New Age und sogenannte Grüne ist die Gentechnik der Antichrist. Und was die Kirche verteufelt, scheine dagegen nicht nur für die Anhänger der Blumenkinder und der Satanisten, eine Befreiung von allerlei Übeln. Nicht wenige meinen: Der Antichrist ist Christ!

Anhänger der Fiat-Lux-Sekte "sahen" bereits vor 1995, während der "Zeit der Reinigung" ihren persönlichen Zwischenaufenthalt im Universum bei kosmischer Ernährung und innerlicher Anhebung auf eine höhere Schwingungsebene. Wahrscheinlich hofften die Endzeit-Schlitzohren, von einem bequemen Sessel aus den schauerlich schönen Untergang der Erde via Television, geniessen zu können. Ohne zu Hilfeleistung herangezogen, versengt oder erstickt zu werden.

Natürlich wussten zum Beispiel die Zeugen Jehovas von diversen Weltuntergängen in den Jahren 1874, 1914, 1975 und kennen folgerichtig den neuen Termin im Jahre 2.000. Eine Glaubensgemeinschaft, die so beharrlich Endzeitversprechungen hinnahm, hofft endlich auf "Erfüllung".

Harmageddon, das Ende der Welt, hätte 1975 geschehen sollen, wobei lediglich 144000 Menschen ("Jehovas" Anhänger) zur Errettung vorgesehen waren. In ihren zurechtgeschnittenen Textsammlungen untermauern sie die Ideologien der Wachtturm-Gesellschaft. Was nicht die Existenz weltoffener Zeugen ausschliesst, die den Computer beherrschen und im Internet zuhause sind.

Nicht zu vergessen die "Volkstempelsekte", deren "Messias" Jim Jones im November 1978, über 900 Gläubige im Dschungel von Guayana in den Tod per Selbstmord schickte.

Wie war das noch mit der Davidianersekte, die im texanischen Waco, 85 ihrer Mitglieder im Jahre 1993 angeblich in den Feuertod drängte? Bei mehrwöchiger Belagerung sollen die Polizisten das Spektakel abgekürzt und den Davidianern mit Brandgranaten ins Jenseits verholfen haben.

Zehn Tage, nachdem der 48-jährige Autor Jim Keith eine unsaubere Verwicklung des FBI an dem Massaker enthüllt hatte, starb er eines plötzlichen Todes. Er war ja bekannt für weitere Bücher über politische Konspirationen und staatliche Versuche auf dem Gebiet der Gedanken-Überwachung (mind control). Er wagte es, über das Auftauchen streng geheimer, schwarzer Hubschrauber über dem Einsatzgebiet von Waco zu berichten, wie sie schon des öfteren bei angeblichen Entführungen durch Ausserirdische und den in Europa völlig unbekannten "cattle mutilations" gesichtet worden sind.

Jim Keith beschuldigte die Behörden, mit diesen ominösen Hubschraubern neuartige Geräte und Verfahren zur psychischen Manipulation von Menschen zu erproben.

Die Staatsgewalt fürchtet angeblich die Formierung paramiliärischer Einheiten, die extreme religiöse und politische Gruppen gegen die bestehende Ordnung anführen könnten; sie gelten als erklärte Gegner der Eine-Welt-Regierung wie sie von den Globalisten, den Grosskonzernen angestrebt wird. Das einst so protestantisch-gläubige Volk der Amerikaner strebt in plötzlich 200 religiösen Gemeinschaften einer universalen Urreligion zu, die mit der Globalisierung auf Kriegsfuß steht.

Amerikanische Patrioten, darunter auch die "schizophrenen" Davidianer, sehen im Erscheinen der Schwarzen Hubschrauber, eingesetzt vom FBI etc., die Streitmacht des Antichrist, des Bösen.

Nach einer Umfrage unter Studenten der Universität von Ohio (1998), glaubte über die Hälfte der Befragten, dass das FBI ausser dem Massaker von Waco, auch für andere Übergriffe gegen das eigene Volk verantwortlich wäre.

Dazu der Leiter des Untersuchungsausschusses: "Der offenbarte Irrsinn treibt den Staat in den Abgrund, zerstört das soziale Gefüge und verängstigt die Bürger der USA".

Von diesem Zustandsbericht im Innenleben der führenden Supermacht ist der normale Europäer weitestgehend verschont geblieben. Warum? Vermutlich täuschen die USA Zugang zu exotischen extraterrestrischen Technologien vor. Was sonst sollen die Schwarzen Hubschrauber und die in Area 51 präparierten Humanoiden bewirken? Oder gehen sie einer höheren Zivilisation von ausserhalb auf den Leim, werden nach Bedarf "versorgt" und irregeführt? Ein Zeitzünder im System der einzigartigen, sich noch aktiv gebärdenden Weltmacht, die bald schon unserer Hilfe bedarf?

In einer Studie zum Thema "Amerikanische Kriegspropaganda" eines 1925 in Amerika geborenen Historikers namens Reuben C. Lang, wird auf eine Arbeit der Journalisten J.R.Mock und C. Larson, mit dem Titel "Words That Won The War" verwiesen, in der die Erfolge der USA auf dem Gebiet der Kriegshetze gegen Deutschland zum Eintritt in den ersten.Weltkrieg gewürdigt werden. Der dafür zuständige Propagandist George Creel (1876-1953) wird anerkennend mit Joseph Goebbels verglichen.

Lapidar merkt der Autor dazu an..."Womit der Grundstein für den nächsten Krieg gelegt worden ist". In geradezu prophetischer Manier bereiteten kluge Köpfe einen über 30 Jahre dauernden Krieg gegen das Deutsche Reich vor! Sie waren sich sicher, dass auf den ersten der zweite Weltkrieg folgen musste.

An dieser Stelle sei an die seherisch anmutenden Worte von Rudolf Steiner erinnert, die er am 4. April 1916, im Rahmen eines Vortrages äusserte: "Es wird gar nicht lange dauern, wenn man das Jahr 2000 geschrieben haben wird, da wird nicht ein direktes, aber eine Art von Verbot für alles Denken von Amerika ausgehen, ein Gesetz, welches den Zweck haben wird, individuelles Denken zu unterdrücken."

Dennoch dürfen wir getrost in die Zukunft gehen: Beweise von wirksamer Gegensteuerung mehren sich.

Seit dem Abwurf der Atombombe auf Hiroshima kann das System der USA bei einer höheren Instanz oder Zivilisation auf keinen Pluspunkt mehr hoffen.

In der ehemaligen Sowjetunion erwartete die vermutlich extremste Sekte, die "Weisse Bruderschaft" den Weltuntergang für den 24. November 1993; die ukrainischen Behörden verhinderten den Massenselbstmord von angeblich nicht weniger als 500.000 Anhängern. Eine derart verbreitete Todessehnsucht hatte sicher mehrere Ursachen, worüber Staatsgewalten den Mantel des Schweigens zu breiten pflegen.

Fehlen noch die "Sonnentempler", deren Guru 53 Menschenleben in der Schweiz und in Kanada im Oktober 1994 zu verantworten hat.

Die Bandbreite der Heilslehren, hunderte von Gruppierungen allein in der Bundesrepublik, erstreckt sich von östlichen Psychosekten und Satanisten bis hin zu den "Scientologen", die in den USA als Religion anerkannt, in Wahrheit für den Geheimdienst tätig, weltweit mit rund 25 Millionen Mitgliedern, ein globales Geschwür auf dem Sektor Wirtschaft darstellen, aber als militante Betreiber der Globalisierung gelten und deswegen für Grossmächtige von Nutzen sind. Besonders für die USA.

Von den Sektenbeauftragten der christlichen Kirchen als "neureligöse Bewegungen" bezeichnet, helfen sie mit, diese Gruppen als harmlos anzunehmen.
Es rächt sich der unlautere Begriff von Religion oder was man darunter verstehen soll.

"666" die Schlüsselzahl für den Antichrist? Es lassen sich nicht wenige Persönlichkeiten finden, auf die der kaballistische Zauber passt: Päpste und deren jeweiligen Todfeinde, Potentaten aller Epochen, Propagandisten und Milliardäre unserer Tage, darunter auch Bill Gates, der möglicherweise die Globalisierer stört.

Aus archäologischen Funden sind auf Tontäfelchen geschriebene Texte bekannt, die einige tausend Jahre vor der Zeitrechnung über Handelsverträge, Gesetze, Liebeslieder und literarische Werke zu berichten wissen. Sogar Aufzeichnungen über die zwölf Tierkreiszeichen, die Einteilung des Jahres in zwölf Monate sind da eingeritzt, und nicht zuletzt Hinweise auf zwölf Planeten in unserem Sonnensystem!

Warum ist dieses Wissen der alten Germanen, Kelten, Ägypter und "Sumerer" überhaupt möglich gewesen, und das ohne erkennbare Wirkung in späteren Generationen? Nach dem Rassismus-Verständnis unserer Tage, sind Germanen eine mit blonden Unholden, verdächtigen Runen und Unwerten behaftete Gattung, die vom Zugang zum Universum fernzuhalten wäre.

Im Jahre 2.000, das auch dem Gedenken Gutenbergs, des Erfinders der Buchdruckerkunst gewidmet ist, wissen wir: Ohne Bücher, ohne deren Verbreitung auf breiter Basis, hätte es keine Bildung für alle gegeben. Schließlich war und ist die Schrift ein Kommunikationsmittel, das wesentlich beigetragen hätte, Fehlentwicklungen aus Unwissen zu vermeiden, wie sie vor dem 1.Jahrtausend ihren Anfang nahmen. Die Schriftzeichen und Runen der nordischen Völker haben Missionare und eifrige Mönche mit "Erfolg" ausgelöscht.

Aufklärendes Wissen bei den Untertanen aber war den Lenkern der Geschicke, hier und im Anderswo auf vielen Gebieten nicht erwünscht. Das gilt heute ganz besonders. Am Allgemeinwissen, das nützlich für die globale Erhöhung der Gewinne, rüttelt ja niemand - aber umso mehr an allem, was den Zugang zu kosmischen Realitäten öffnen könnte. Diese wiederum sind angetan, die Macht der Herrschenden auf Erden auszulöschen. Krämerseelen und aufgeplusterte Gernegrosse, die da nach Macht gieren - auf Kosten von Untertanen, vornehmlich demokratisch Eingebundenen.

In einer Schrift des assyrischen Königs Assurbanipals: "Der Gott der Schriftgelehrten hat mir die Gabe verliehen, mich auf meine Kunst zu verstehen. Ich bin in die Geheimnisse des Schreibens eingeweiht worden. Ich kann sogar die schwierigen Tafeln auf sumerisch lesen. Ich verstehe die rätselhaften, in Stein gemeißelten Wörter aus den Tagen vor der Flut" (gemeint ist die Sintflut).

Eine deutliche Freude über das Sich-Mitteilen-Können auf die eindringlichere, die leisere Art! Microsoft und internet breiten sich zwar vernehmbarer, aber nicht zur Freude zensurbedürftiger Institutionen, aus.

Stammt die Schrift gar von außerhalb der Erde, von einer Zivilisation über uns, zu der wir einst gehört haben?
An den in Roswell, USA, seit 1947 lagernden Teilen von vermutlich außerirdischen Artefakten, habe man Schriftzeichen und Hieroglyphen entdeckt, die vor rund 3.000 Jahren vor unserer Zeitrechnung im alten Reich der Ägypter bekannt waren!
Wenn ja, entspricht das durchaus der Normalität unserer Zeit, die nicht stattfinden lässt, was von Amts wegen und nach dem Stand der Physik nicht sein darf. Immer mehr Wissenschaftler erkennen mittlerweile an, dass einiges über die Relationen der Unschärfe und der einst allein gültigen Wiederholbarkeit der Beweise hinausgeht.
Skandale aller Art, wie sie täglich aufkommen, nebeln ein, was sonst allzu klar sichtbar würde. Ereignisse im politischen Alltag, sind so zufällig nicht; sie lenken grundsätzlich ab vom Wesentlichen; sie sind brauchbar. Immer öfter kehren sie sich wider Erwarten gegen die Urheber.
War da kein wahrer Gott im Spiel, gab es keinen Propheten, der von der Bedeutung der Schrift und ihrem Missbrauch kundtun mochte? Nicht einmal das Aufkommen der Software, das Internet, wurde andeutungsweise vorausgesagt. Da waren die sogenannten Berufenen mit Blindheit geschlagen. Ein nicht mehr zu übersehender Hinweis auf den Verfall bekannter Weissagungen.

Hinreichend bekannt: Den Übersetzern der Heiligen Schriften war es nicht immer gestattet, den Begriff "Elohim" richtig wiederzugeben. Zumindest nicht an jedem Ort und schon gar nicht unter den argwöhnischen Augen christlicher Oberhirten. Eine wahrheitsgemäße Übersetzung war in besonderen Fällen nicht erlaubt. Wer zahlte, schaffte an. Nur Zugelassenes durfte für die Nachwelt abgeschrieben, weitergereicht und weiter abgeschrieben werden.

Bischof Eusebius von Caesarea stieß im Jahre 314 n.Chr. auf die Schriften des Philo von Byblos, in denen er vor der Anbetung von Baalgöttern warnte, die mit Gewittern und Orkanen die Menschen heimsuchen konnten (s. "Projekt HAARP", u.a. geeignet zur Beeinflussung des Wetters und der Menschen, s. auch in "Mann im Mond" S. 181 ff). Auf dem Gebiet der Wettermacherei ist wieder einiges möglich geworden; extreme Witterungen sind nicht unbedingt von Gott gemacht.
Regiert wurden diese Baalgötter von El und seiner Frau Ashera. In deren Tempeln dienten Göttersöhne und Töchter; die Gelder, die sie verdienten, flossen in die Tempelkassen. Antike Freudenhäuser oder eine ehrabschneidende Einlage?

Als König Ahab, dem Machtzuwachs nicht abhold, fremden Göttern zugetan, einen Krieg gegen Syrien plante, liess er vierhundert Propheten rufen, die aber aus Furcht vor ihm, seinen Sieg voraussagten und siehe, sie wurden belohnt.

Einer, nämlich Micha (2. Buch Chroniken, Kapitel 18, Vers 16 - 21) sah und sagte es anders: "Ich sehe ganz Israel zerstreut auf den Bergen wie Schafe, die keinen Hirten haben. Und der Herr sprach: Diese haben keinen Herrn. Ein jeder kehre wieder heim mit Frieden".

Da sprach der König zu Joschafat: Sagte ich dir nicht: Er (Micha) weissagt nichts Gutes über mich.

Der HERR fragte: Wer will Ahab, den König von Israel betören, daß er hinaufziehe und falle bei Ramot in Gilead? Und als dieser so und jener anders redete, trat ein Geist vor und stellte sich vor den Herrn und sprach: Ich will ihn betören. Der Herr aber sprach zu ihm: Womit? Er antwortete: Ich will ausfahren und ein Lügengeist sein in aller seiner Propheten Mund. Und der Herr sprach: Du wirst ihn betören; fahr hin und tu das!

König Ahab: Nehmt Micha und bringt ihn zu Amon, dem Stadthauptmann, und zu Joasch, dem Sohn des Königs. Er liess Micha ins Gefängnis werfen bei Wasser und Brot, "bis ich wiederkomme mit Frieden".

Der Pfeil eines Soldaten traf König Ahab in der Schlacht gegen die Syrer. Verwundet blieb er in seinem Wagen liegen bis er bei Sonnenuntergang starb. Selten genug geschah es, daß Urheber von Kriegen selbst Opfer ihrer Lust an Schlachten wurden.

So trug es sich zu, daß Propheten meist wahrsagten, was besser ankam und ihre paranormale Begabung in den Schatten rückte. Von weittragender, größerer Bedeutung scheint in diesem Zusammenhang jedoch die Einschaltung eines Lügengeistes, dem es gelang, König Ahab mit Hilfe der Propheten zu täuschen, damit er in die Schlacht ziehe und den Tod finde.

Verfügten die Menschen damals, oder zumindest ihre Führer, über die Gabe, Geistwesen aus dem Anderswo zu sehen, mit denen sie gar kommunizieren konnten? Mehr als nur biblisches Beiwerk, daß in diesem Falle vierhundert Propheten von einem Experten irregeführt, falsche Voraussager von sich geben mussten.

Fachleute auf dem Gebiet bio-elektromagnetischer Wellen, der Psychotronik?

Sie konnten im Sinne des Auftraggebers getäuscht werden, von wem auch immer.

Darf ein liebender Gott, so wie ihn das Volk haben möchte, gezielt mit Täuschung vorgehen und Unrecht tun oder agierte da nur ein Beauftragter, ein Stellvertreter?
Wissenswert wäre noch, aus wem der Lügengeist gefahren ist. Er konnte eindringen in das Bewusstsein anderer, mit Alphawellen und Hypnosetechniken umgehen.
Eben diese und ähnliche Aussagen im Alten Testament scheinen von höherem Wahrheitsgehalt als die von angeblich religiösem Inhalt.
Verfügte eine Zivilisation in grauer Vorzeit über telepathische Verstärker, psychotronische oder einfach hochentwickelte Kommunikationsmittel, womit "unangenehme" Zeitgenossen korrigiert oder ausgehebelt werden konnten - ganz im Sinne der >mental control<, der bei Supermächtigen längst versuchten Gehirnwäsche?

Die westliche Führungsmacht USA setzt vor allem zum Nachteil der Deutschen das bekannte Abhörsystem "Echelon" ein, mit dem via Satelliten alle Informationen meist aus Spitzenunternehmen im befreundeten Ausland aufgenommen und automatisch gefiltert, der US-Wirtschaft zugeführt werden können. Auch die Briten sollen sich der Ausspähungstechnologie in der Bundesrepublik bedienen. Womit wir, die ewig Befreiten, bestenfalls als Edelsklaven zu dienen hätten. Bereits im Jahre 1990, ist mit dem von den USA und England gegründeten Ausspähungssystem auf Erdumlaufbahn, das japanische Raumfahrtunternehmen NEC abgehört worden als es um eine Ausschreibung Indonesiens für die Lieferung von Nachrichtensatelliten ging. Der Auftrag gelangte überraschend in die

Hände der amerikanischen ATT. Ein sauberes kapitalistisches System zur Ausschaltung ausländischer Konkurrenz. Bei Echelon geht es zunehmend auch um politische Vorteilsnahme durch illegal abgezapfte Informationen. Wie zum Beispiel bei den Vorverhandlungen Mexikos über einen Zugang zu den Freien Märkten Nordamerikas und Europas, sowie bei der geplanten Zusammenarbeit mit dem Wirtschaftsraum Asien-Pazifik. In letzterem Falle erwiesen sich die US-Unternehmen als die Begünstigten, die Clintons Wahlkampf finanziert hatten. 1994 gelang Echelon die Auswertung der Airbus-Verhandlungen mit Saudi-Arabien; der Auftrag in Höhe von sechs Milliarden Dollar ging an die Firma Boeing.

1998 bedienten sich die USA via Echelon der UN-Informationen zur Abrüstung des Irak. Endlich: Im Jahre 2000 fordert die französische Regierung ihre Unternehmen zur Kodifizierung aller Nachrichten auf, damit sie nicht in die falschen Hände gelangen. Ob das die deutsche Regierung auch wollen darf?

Das eigentlich Interessante daran: Schaffen es die glorreichen Sieger immer noch nicht, allein durch eigene Geisteskräfte Spitzenpositionen ehrlich zu erarbeiten?

Im Projekt "Paperclip" haben die Amerikaner 1945 unermessliche Schätze aus deutschen Erfindungen und Entwicklungen der Hochtechnologie im Werte von einigen tausend Milliarden Dollar an Land gezogen! Damit haben sie sich einen gewaltigen Vorsprung verschafft. Warum die Ausgebeuteten immer noch zur Ader lassen?

Der vorsichtig geschätzte Schaden für die bundesdeutsche Wirtschaft durch die gegenwärtig illegale Ausspähung, beläuft sich auf 30 Milliarden Dollar jährlich. Deutsche Abwehrdienste, weil unterwandert, können dagegen so viel wie nichts unternehmen, denn die eigene Regierung kommt keinem zu Hilfe, der aufdecken oder verhindern möchte. Vor- oder Dauerleistung für die Welt der globalen Wunderlichkeiten?

Beruhigend: NSA (>Never Say Anything<), dem alles beherrschenden US-Geheimdienst, sind nach Kenntnis der "Nuevos Horizontes" Nr.1/2000, unter "wissenschaftliche Offenbarungen" bezüglich >verletzlicher Informationssysteme< kostspielige Ausfälle am 15.02.2000, untergekommen: 72 Stunden lang waren die Computer der NSA blockiert - es konnten keine Programme geöffnet, keine Daten verarbeitet werden! Im Sommer 1999 sahen sich NSA-Spitzen ausserstande, die Atomwaffenversuche Indiens und Pakistans zu beobachten. Wer oder was verhalf zu den Unterbrechungen? Indische Computerspezialisten sind nun weltweit gefragt.

Das Schicksal des Judas, der auf dem Ölberg seinen Herrn verraten hat, war gottgewollt; er konnte nicht anders: Laut Prophezeiung war es ihm in die Wiege gelegt worden. Es war seine Bestimmung, Verrat am Meister zu üben. Sein Name ist zum Inbegriff aller Verräter geworden. Wie weit dürfen Verantwortliche auf Erden ungestraft ihre Abhängigen verraten oder zu Spionen machen?

Sollen wir die Bibel überhaupt als göttliche Botschaft ernst nehmen, sie nur als Niederschrift von Erzählungen oder gar als Vorgegaukeltes hinnehmen als das Etwas, das uns zur Läuterung, zum Durchschauen von Lüge und Täuschung als Lehrstoff vorgesetzt wurde?

Was wir ernst nehmen müssen: Nicht akzeptieren, was als Diktat von Meistern der Lüge erkennbar, aufgenötigt werden soll. Wir müssen uns vom Joch der Schuldbeladenen befreien lernen, damit wir nicht als Masochisten der nächsthöheren Entwicklungsstufe verlustig gehen. Aufbegehren gegen Unrecht ist Voraussetzung, ist Pflicht!

Ist alles in der uns bekannten Geschichte so abgelaufen, weil es so sein musste - zu unserer beabsichtigten Höherentwicklung durch schmerzvolle Erfahrungen? Oder doch nur, um Echtes vom Unechten unterscheiden zu lernen?
Erfahrung gewinnen im Angesicht eines frühen und nicht selten eines ungerecht erscheinenden Todes, falls Reinkarnation auszuklammern wäre?

Eigentlich sollten wir schon im Jahre 1993 für alles mögliche Unheil fällig gewesen sein, denn der Mönch Dyonisius, der im Auftrag des Papstes im 6. Jahrhundert mit der neuen Zeitrechnung beauftragt wurde, irrte sich schon beim Geburtsjahr Christi. Nicht weniger als sieben Jahre früher soll Jesus von Nazareth das nicht ganz so reine Licht dieser Welt erblickt haben.
Daß Jesus einige Jahre vor dem Jahre 1, nach unserer Zeitrechnung, geboren wurde, geht schon aus den Evangelien nach Matthäus und Lukas hervor; spätestens für das Jahr 4 v.Chr., zur Lebenszeit des Herodes, wird auch von Theologen dieses Ereignis eingeordnet. Vermutlich hat man die entscheidenden Verse etwa im 13. Jahrhundert in das Neue Testament eingeschoben - zusammen mit der 300-jährigen Geschichtskorrektur und wundersamen Zeitvermehrung, über die noch zu lesen ist.

Unter Zuhilfenahme der Planetenkonstellation, fand das als "Stern von Bethlehem" bekannte Himmelsereignis erst im Jahre 7 statt; die Geburt Christi müsste also zurückverlegt werden.

Wenn, ja wenn das Licht nicht doch von anderer Herkunft war. Handelte es sich wirklich um einen Kometen oder um Planeten auf Abwegen? Fragen Sie Altertumsforscher, die sich mit raumflugtüchtigen "Göttern" befassen. Wie zum

Beispiel Erich von Däniken. Nicht nur in seinen Kreisen gibt man vermutlich einem intelligent gesteuerten Licht- oder Flug-Objekt den Vorzug.

Denn die Drei Weisen aus dem Morgenland kamen aus dem Osten und folgten einem Licht aus dem Westen, das über dem Geburtsort stehen blieb. Normale Himmelskörper können das nicht. Man sollte zeitgenössische Schilderungen im Zweifelsfalle wörtlich nehmen; der erste Eindruck vom Licht, das über dem Geburtsort stehen blieb, bewegt sich wahrscheinlich näher an der Wahrheit.

Der heilige Hippolyt, Kirchenschriftsteller und Gegenpapst (ab 217), legte die Geburt Christi auf den 25. Dezember fest. Das kam dem Mitras-Kult, der Natalis Solis (Sonnengeburt), dem Tag der Sonnenverehrung und anderen vorchristlichen Traditionen entgegen. So unwissend oder gar dumm, schienen die zu Bekehrenden nicht gewesen zu sein - man musste Entgegenkommen zeigen.

Nach vollbrachter Missionierung wiesen die Stellvertreter Gottes auf Erden eine härtere Gangart an, die, wie wir wissen, oftmals mit letzter Konsequenz eingeschlagen wurde. Bis hin zu Folter und Völkermord, wenn immer der Erhalt und die Ausweitung christlicher Macht das erheischte.

Gesichert scheint der gelegentliche Besuch von Reisenden aus dem All und/oder Energieträgern, die uns viel mitzuteilen hätten, ja mitunter eingreifen könnten. Warum, um Himmels willen, zeigen sie sich nicht offen? Sie entziehen sich allen Propheten und geschulten Fernwahrnehmern, sie zeigen und verbergen, entziehen sich unserer Erkundungsfähigkeiten. Wie wir von ihnen denken, berührt sie nicht im geringsten, oder? Weiden sie sich am wirren Getue der Erdlinge oder wollen sie doch wissen wie wir fortschreiten, an Höhe gewinnen? Der Eindruck vom biokosmischen Versuchsfeld Erde scheint so abwegig nicht.

Symbole von unfassbarer Aussagekraft, über Gesagtes und Geschriebenes hinausreichend, zeigen sich am Himmel in Form von Unidentifizierbaren und in Mandala-Kunstwerken auf Getreidefeldern. Zeichen, die in die Tiefen des Unbewussten dringen, bedürfen keiner offiziellen Bestätigung. Die Spiritualität wie alles nicht messbar Geistige wächst in uns ohne die Erlaubnis heiliger Kirchen und ebenso anmaßender Behörden. Eine wahrhafte Freiheit mit inneren Kräften ist unser und kein Potentat auf Erden kann sie verhindern. Zugriff haben sie alle, die unser Bestes wollen, nur noch auf oberflächlich Materielles; aber auch in diesem Bereich: Tendenz fallend zum Nachteil auserwählter Erdverwalter.

Wichtiger als Wahrsagen und Fernwahrnehmen ist der kritische Blick zurück, das Wahrnehmen von Vergangenheiten, in denen Weichen gestellt wurden für das, was wir heute vorfinden. Nicht die vordergündige Bewältigung entstellter Zeitgeschichte in unserem 20. Jahrhundert, ist gemeint, sondern die behutsame Durchquerung des Sumpfes aus Lügen und Täuschung, auf denen die tönernen Füße unserer Gegenwart ruhen sollen. Retten wir uns auf festen Boden!

Sonnenblumen

Und in er Blüte, Kern an Kern gereiht, ruht tausend-
fältig künftige Wesenheit. Und pflanzest du die tausend Kerne wieder ein, es wird dasselbe Bild, dasselbe Gleichnis sein. In tausend Blüten abertau-
send Keime senke Die Seele allumfassend - und
dann lenke Langsam und rückwärts schauend Die
Gedanken heim und denke: Das alles war im ersten
Keim (Manfred Kyber)

Nicht die große, schattenwerfende Zukunft, wohl aber
eine aus der Hand gelesene Vorhersage, ein persönlich erlebtes, bestätigtes Vorauswissen, erfahren von
einem blutjungen Soldaten im 2. Weltkrieg:

Mannshoch drängten sich die Sonnenblumen auf kol-
chosischen Feldern, die sich zum Horizont hin breite-
ten, dem sonst so flachen eintönigen Land Heiterkeit
vermittelten.
Einzeln betrachtet, mag die Sonnenblume als ein Soli-
tärgewächs gelten, eine Pflanze, die für sich selbst
steht. Würde sie nicht ihr Haupt vor dem Tagesgestirn
neigen, käme sie in den Verdacht des Hochmuts. Sie
lebt, wie es scheint, dennoch gerne in Gemeinschaft
mit ihresgleichen. Daneben die größeren Maisfelder,
die saftig grün die Ebene beherrschten. Mit dem
Charm der Sonnenblumen leben sie auf, daran kommen sie nicht vorbei.
In der Nähe des Dorfes die Felder mit Kartoffeln, Ge-
müse und exotisch anmutenden Melonen. Alles, was
mehr Pflege braucht, hatten die Bauern in Reichweite
angelegt; vornehmlich wegen des täglichen Bedarfes,
in Kriegszeiten musste das von Vorteil sein. Was sich

an Gartenflächen um die Häuser gruppierte, gestand die kommunistische Verwaltung für den Eigenbedarf zu. Mitunter auf Abruf, was die Menschen hier leidvoll erfahren mussten.

Die Gebäude der Kolchosen, um die sich riesige Strohstapel türmten, lagen weiter ab in den Feldern, die wohl bestellt und saftig grün, eigentlich Wohlstand signalisierten.

Nicht allein dem Anschein nach ein reiches Land, denn der mehrere Meter tiefgründige Humusboden bedurfte keiner Düngung - trotzdem reiche Ernten Jahr für Jahr.

Die Strohhaufen dienten den Kanonieren gelegentlich als Markierungspunkte, den Dorfbewohnern aber beruhigende Reserven an Heizmaterial für die strengen Winter. Die Kolchosverwaltung kontrollierte natürlich auch den Zugriff zu dieser Energiereserve. Ein kommunistisches System eben, das freien Bauern ein Dorn im Auge sein musste. Und schon wieder: Bauern und Handwerker geraten im gegenwärtigen Globalkapitalismus erneut in Bedrängnis - bei uns in Mitteleuropa wie in Russland und in der Ukraine.

Allein schon aus dem damals im Krieg vorgefundenen Sachverhalt hätte die deutsche Führung die Chance erkennen müssen, die Menschen in der Ukraine für uns zu gewinnen, indem man ihnen Eigentum einräumte, sie aus der Lage der Besitzlosen, so gut es ging, befreite. Dagegen standen tölpelhaft und unwiderruflich die einmal aufgestellten Richtlinien der Propaganda mit dem eingepaukten Feindbild, das wie ein Rauschmittel die Menschen hier und drüben verdarb. Es waren keine Mediziner, die solche Mittelchen verordneten.

Feldwebel Pinkas, ein Studierter aus Wien, heute mit anderen Vorstellungen von dem, was zu bekämpfen wäre, blieb 1943 an demselben Feindbild haften wie die Bayern und die Berliner. Aber er war nicht nur ein guter Schwimmer, er hatte auch recht mit seiner Kenntnis von den sich immer der Sonne zuwendenden Blütenköpfen der Sonnenblumen; in Spanien nennt man sie deswegen >girasol<. Daran sei allgemein die Richtung Süd erkennbar. Eine Orientierungshilfe wie sie in unserer Welt heute die südwärts gerichteten Satelliten-Antennen für das Fernsehen bieten. Auf nächtlichen Schlachtfeldern versagte die Sonnenblume mangels Lichtquelle jeden Orientierungsbeistand.

Direkt neben dem leibspeiseverheissenden Kartoffelacker ein Lehmhaus wie die übrigen im Dorf. Und Mütterchen Russland persönlich, mit Kopftuch, das Gesicht halb verdeckt, stand davor. Ohne jede Furcht vor dem, der als Fremder, und das in Uniform der Gegner, auf sie zuging. Ihre aufrechte Haltung zeigte deutlich genug, dass sie, mit dem der da ankommt, schon fertig werden kann. Manfred war wohl nicht der erste deutsche Soldat, den sie zu sehen bekam.
Die Front bei Charkow war noch ferne genug, ein Grollen ab und zu aus östlichen Richtungen erinnerte an Bedrohliches, als Oberschütze M. M. auf sie zuging, der kaum 19-jährig, kindlich genug aussah, um bei der Matka Fürsorgegefühle auszulösen. Solche Feinheiten in persönlichen Begegnungen waren damals möglich und feststellbar. Was sich sehr bald ändern sollte. Stand da vielleicht einer der ihren auf der anderen Seite, der ihr näher sein musste?
Das Stück Feinseife aus der Marketenderware, angeboten vom schwarz Uniformierten, sollte die Verständigung erleichtern. Der Panzersoldat, von der Mütterlichen mit einem breiten Lächeln als "tschorni tschorte" begrüsst, was so viel wie schwarzer Teufel heisst, wollte "kartoschki" (Kartoffeln) eintauschen. Damals, im Frühsommer, verstand man sich noch gut,

ja freundschaftlich mit den Ukrainern, die wir Soldaten unterschiedslos den Russen zuordneten.

In mitteleuropäische Kleider gesteckt, hätten sich "die Russkies" bestenfalls durch ihre Sprache von den deutschen Germanen unterschieden. Blond und mit hellen Augen stellten sie das aufgesetzte Feindbild auf den Kopf. Mit einigem Staunen stellte Manfred fest, daß sich hier mehr "rassisch Hochwertige" tummelten als in seiner oberpfälzischen Heimat. Gesund und mit blitzblanken Zähnen, obwohl sie kaum die Zahnpasta kannten.

Die "Matka" erwiderte unbewusst die verwandtschaftlichen Empfindungen des Soldaten, der ja keineswegs zur offiziellen Pflege der Freundschaft vor ihr stand; sie brachte eine Schürze voll Kartoffeln. Die Seife beroch sie und nahm sie höflich als Zahlungsmittel entgegen. Fürsorgliches wollte sie dem fremden Panzersoldaten nicht verweigern. Auch sie hoffte auf Befreiung, auf bessere Zeiten - irgendwann.

Kein Gedanke, daß ein Jahr später in dieser Gegend, in der man vor kurzem die deutschen Soldaten noch mit Salz und Brot begrüsste, diese aus unerfindlichem politischem Ratschluss von beiden Kriegsparteien die jeweils feindlichen Einheiten als Inkarnation des Bösen gehandhabt, die Deutschen nur die Eindringlinge, von Partisanen wütend bekämpft werden sollten.

Im Nordabschnitt kämpften, wie später zu erfahren war, wohl organisierte paramilitärische Einheiten hinter der deutschen Front schon seit Monaten mit wachsendem Erfolg. Mangels ausgedehnter Waldgebiete blieben wir im Süden verschont von den Scharmützeln im Rücken. Unvorstellbar, wie vollendet und "überzeugend" die Propaganda Tatsachen in das Gegenteil verkehren kann, um Tötungsbereitschaft und alles, was dazu gehört, zu implantieren.

Wo waren sie, die Hellseher, die eine solche Entwicklung vorausgesagt hätten? Kein Hinweis in prophetisch heiligen Schriften von diesen Schlachten, die doch mehr Bedeutung für die Menschheit haben mussten als Vergleichbares in den biblischen Geschichten. An heroisierten Grausamkeiten bieten die meistverbreiteten Bücher Stoff genug für Kriegsserien. War die Bekämpfung einer Ideologie wichtiger geworden als das Wohl der Brudervölker, die doch vertraglich zum "Nichtangriff" verpflichtet sein sollten? Freilich, nicht einmal die Bevölkerung im Lande hier, mochte das kommunistische Joch; die Ideologie des Sowjetparadieses forderte zuviel Blut, terrorisierte das eigene Volk, liess Brillenträger als Klassenfeinde ermorden und schreckte weltweit die Menschen. Ein in die Zukunft wirkender Plan stand dahinter, von sich aus war das Volk wie überall stolz auf seine klugen Köpfe und hätte nie daran gedacht, sie auszutilgen. Warum, um Himmels willen, gelang den Einpeitschern Macht über Horden, die sie zum Abschlachten ihrer Intelligenz brauchten. Eine einleuchtende Erklärung: Es war nicht ihr Volk!

Nicht nur die Regierungen, die insgeheim über die Vernichtung des Bolschewismus mit Hitler einig schienen. Vorwiegend zu Lasten der Deutschen. Gelegen kam der "Überfall" auf die Sowjetunion jenen, die aus dem Schatten agierten, die es gewohnt waren, aus bequemen Sesseln ein blutiges Drama an sich vorüberziehen zu lassen.
Nie mussten sie unfreundliche Randbemerkungen von Historikern hinnehmen, denn sie selbst schrieben die Geschichte; kaum einer, der hinter die Kulissen schauen wollte. Das hätte Ärger eingebracht, wie nicht wenige schmerzlich erfahren mussten.

Natürlich nahm man damals weder auf deutscher, noch auf russischer Seite wahr, daß sich da Menschen gleicher Herkunft gegenüber standen. Die

Feindschaft zwischen den Völkern ist lange und intensiv genug vorbereitet worden. Bestimmt nicht von den Betroffenen selbst. Bereitschaft für den Tod auf dem Schlachtfeld liess sich in die Volksseele mit wenig Aufwand einbringen, denn die Menschen hier hatten nichts oder wenig zu verlieren. Der blutsaufenden Internationale konnten sie ausser ideologischen Phrasen nichts abgewinnen.

Die Feindschaft zwischen den Nachbarvölkern war kein Naturereignis. Hinterhältig und auf leisen Sohlen überfiel ein von langer Hand vorbereitetes Feindbild die Menschen hier und bei uns daheim.

Konnte oder wollte Hitler das Spiel nicht durchschauen, das vor allem den Deutschen schaden musste? Zumindest in naher Zukunft. Oder war da nicht mehr derselbe Hitler? War der Gestalter unbewußt nichts weiter als eine Schlüsselfigur auf dem Schachbrett derjenigen, die mehr als zehn Züge vorausplanen konnten?

Der damalige Major Otto Ernst Remer in der Panzergrenadierdivision Grossdeutschland, ebenfalls im Kursker Bogen, südlich von Moskau eingesetzt, ahnte deutlicher, dass da keine natürlichen Feinde gegenüberstanden, der Kommunismus war nicht Sache des Volkes; er warb, wie bekannt, nach dem Krieg für eine Annäherung an Russland, an die "Slawen".

Während des Krieges war es auch ihm nicht möglich, die naheliegende Verwandtschaft mit "Ostgermanen" überhaupt in Erwägung zu ziehen. Man war voll beansprucht mit soldatischen Pflichten. Denkbar, dass O.E. Remer wegen der von ihm befürworteten Annäherung an Russland, an die Slawen, als Unperson zu gelten hatte. Ein Störenfried für die Wertegemeinschaft der "Atlantiker"?

So gingen viele Jahre ins Land, bis Manfred und seine Kameraden zum Nachdenken, zum Verarbeiten des Erlebten kamen. Die Zeit des Erkennens ist gekommen!

Die in aller Herren Länder, besonders in westlichen Demokratien das Sagen hatten, liessen ihre Akademiker glauben, dass Täuschen und Lügen prinzipiell intellektuellen Ansprüchen mehr genüge als die simple Wahrheit. Kirchen und Religionen lebten vor, wie viel erfolgreicher Lügengeschichten und Schurkereien ankommen, denn sie bringen Farbe in das eintönige Leben der törichten Masse, die angeblich nur unterhalten werden will. Bis hin zum Messen der Kräfte in heroisierten Waffengängen.

Oft genug durften wir mit gefangenen russischen Offizieren Diskussionen führen, und wunderten uns über das meist akzentfreie Deutsch, in dem sie philosophieren konnten - wenn auch nicht zugunsten einer Ideologie, auch nicht pro Hitler. Von Deutschland und den Deutschen pflegten sie Idealvorstellungen, die sich weitab von der lästigen Politik bewegten.

Ideologiefrei wollten vor allem die Russen ihre Meinung äussern. In einigen Fällen trugen höhere Dienstgrade neben dem Sowjetstern, in der Brusttasche Goethes Faust! Die Kultur blieb vom aufgesetzten Feindbild damals noch unberührt.

Nicht nur bei Stalins ältesten Sohn, der sich als Kompaniechef mit einem Teil seiner Einheit in unsere Hände begab. Wie er erzählte, genoss sein jüngerer Bruder das Wohlwollen von Vater J.Stalin; er durfte General werden bei der Luftwaffe, während er, der Ältere, keine Privilegien zu erwarten hatte. Sein Problem:

Als Heranwachsender eilte er gelegentlich seiner Mutter zu Hilfe, wenn Vater Stalin sie wieder einmal verprügelte. Nebenher erwähnt: Sein Vater sei Halbjude.

So kam er, der Ältere, ich glaube, er nannte sich Mihailowitsch, zur Armee und sofort an die Front.

Für die Panzerbesatzungen in der Abteilung Prinz Eugen, die zur Division Großdeutschland gehörte, ein grosses Ereignis. Unser Major übergab dem Stalin-Sohn feierlich die zuvor abgenommene Pistole wieder zurück.

Ein erhebendes Ritual, das wir junge Panzersoldaten wie eine Offenbarung aufnahmen. Für den Oberschützen J. aus Berlin ein Ereignis, das ihn ausrufen liess "dass ich das erleben darf!" Er stammte aus einer kommunistisch orientierten Familie, nahm in den 30iger Jahren an Aufmärschen der Rotfront teil; ein überzeugter Nationalsozialist ist aus ihm geworden - mit Betonung auf national geprägtem Sozialismus. Ein nützlicher Idealist nur, gut genug für das Birkenkreuz mit Stahlhelm am Ende seines Weges?

Der Panzerkommandant von "meiner" Besatzung, ging mit dem "Gefangenen" ein Tauschgeschäft ein: Die unansehnliche russische Pistole nahm er entgegen als Souvenir und händigte Stalin junior eine deutsche Offizierspistole aus. Beide freuten sich; zusammen begossen wir in einer technischen Pause mit reichlich Wodka den Vorgang in einer Zeit als der Krieg noch nicht so schrecklich geworden war.

Manfred weiss bis heute nicht, ob zufällig von diesem Tage an, ein schärferer Wind gegen jede Art von Verständigung durch die Fronten wehte oder aus höherer Warte vorgebeugt werden musste. Was nicht nur Stalin senior die Hebel stellen liess.

Später, an der Invasionsfront im Westen, soll von Stalin jr. ein Brief aus Kanada unsere Kompanie erreicht haben, der nur von den damals Anwesenden einzusehen war. Wir fanden uns in der Normandie im pausenlosen Bombenhagel, der Kampf um das nackte

Leben beherrschte alles. Kaum jemand dachte da noch an Post, nicht einmal an die eigene.

Nach dem Krieg las ich in einer Zeitung, dass "unser" Prominenter in Kanada das Opfer eines KGB-Anschlages geworden sei, und einige Jahre später, weil das dem von Siegern geprägten Zeitgeist besser entsprechen mochte: In deutscher Gefangenschaft ums Leben gekommen. Trotz aufziehendem Kalten Krieg waren sich die offiziellen Organe in Ost und West erstaunlich einig im Niederhalten der Deutschen.

Das Sowjetimperium wollte im Krieg das Ansehen der deutschen Sprache und Literatur noch nicht unterdrücken.

Nach dem Krieg wurde Deutsch verboten, die Wolgadeutschen gar nach Sibirien verschleppt. Mit Brutalität und propagandistischer Routine wurden die letzten Sympathiereste eingeebnet. Wogegen sich weder die Deutschen noch die Russen zur Wehr setzen konnten. Gegen die Deutschen zu sein, war weltweit moralische Pflichtübung geworden. Schergen als ausführende Organe, politisch korrekt aufbereitet, besorgten den Rest. Die Täter in den Schreibzimmern hatten Hochkonjunktur.

Über die beiden Völker, die eins sein könnten, herrschten fremde Kräfte. Durchaus nichts Neues. Brutalisiert haben sich die Methoden des Teilens und Herrschens, das Einbringen von Gog und Magog in bluttriefende Wiederholungen unter wechselnden Emblemen.

Der allgemeinen Kampfmoral in der Truppe tat es nicht gut als man von oben her begann, die Russen generell als Untermenschen abzustempeln. In einem Krieg, in dem wir die Freundschaft des Volkes dringend gebraucht hätten, zu einer Zeit als ganze Einheiten der Roten Armee sich uns anvertrauen wollten, befahlen die Propagandisten eine unverständliche Härte gegenüber den Russen, den "Slawen" insgesamt. Nicht nur uns Deutschen wären Millionen von Blutopfern erspart geblieben.

Heute ahnen wir zumindest eine unheilige Komplizenschaft hinter dem Zustandekommen beider Weltkriege, die sich als Neuauflage des Dreissigjährigen Krieges zu erkennen geben.

Hervorstechend das unsinnige Gebaren der Politprominenz in beiden Lagern; denn wirklich gewonnen wurde der Krieg weder von den Siegern noch von den Besiegten. Bis heute fehlt die durchschlagende Erkenntnis, warum und wodurch im Gemetzel, in Blut und Tränen die wahren Kriegsziele verborgen bleiben sollten. Auffallend die Borniertheit mit der eine Alleinschuld der Deutschen weltweit durchgesetzt werden konnte. Auch dann noch als das alte Feindbild nichts mehr bedeutete.

Noch steht juristische Drohung gegen jeden, der auf der Suche nach Wahrheit den Pfad der "political correctness", die eingeschworene Geschichtsschreibung verlässt: Ein solches Individuum wird folgerichtig zum Leugner der Kriegsschuld, zum Ewiggestrigen, freigegeben zur demokratischen Nachbehandlung.

Revisionist ist nicht einfach ein Sucher nach historischer Wahrheit. Es prägt ihn ein Täterprofil nach den Vorgaben der "wehrhaften Demokratie".

Das direkt Bedrohliche aber schwindet zusehends, auch wenn hier und dort Sehnsucht nach "erlösenden" Scheiterhaufen vagabundieren sollte. Die Zeiten der Inquisition sind endgültig vorbei und die Protagonisten nehmen es hin, wenn auch mit Murren, immer häufiger mit erkennbarer Unruhe bis hin zur Panik.

Mit Händen war zu greifen wie wenig die Mehrheit der Russen dem Bolschewismus zugetan war. Mehr Rücksichtnahme auf die wahren Bedürfnisse der

Menschen, hätte den Kommunismus, den Kapitalismus, beide einig im rigorosen Materialismus, und schliesslich den Fundamentalismus allgemein überflüssig werden lassen.

Wer ahnte damals den ideologisch gepflegten Unsinn? Propaganda und Täuschung, aufgerüstet zu einem modernen Mittel des totalen Krieges regierte das tägliche Geschehen.

Häufig genug standen die russischen Einheiten unter Alkoholeinfluss, wenn sie zum Angriff übergingen; entsprechend hoch waren ihre Verluste. Das kann den Strategen nicht entgangen sein, daß im Gegensatz zum motivierten deutschen Soldaten russische Truppen, anfänglich zumindest, nicht über das nötige Feindbild verfügten. Wahrscheinlich lag es zum Teil an der kommunistischen Lehre, die von Gleichheit und Brüderlichkeit ausging.

Aus heutiger Sicht: Die "Russen" fühlten die Verwandtschaft mit uns, den Deutschen, wovon wir nichts oder wenig genug ahnten; sie hatten ein natürlicheres Empfinden, das sie durch Alkohol überspielen mussten. Sie zeigten Gefühle, die den meist verstädterten Mitteleuropäern nicht mehr zugänglich sind. Damals schon gar nicht.

Die dichtere Besiedlung in deutschen Landen, mag auch dazu beigetragen haben, dass uns die Fähigkeit des stärkeren Mitempfindens verloren ging. Im alltäglichen Umgang im enger gedrängten Umfeld waren wir offensichtlich die Abgehärteten, Zeitgenossen, die sich in der Routine geschliffen, aber auch abgenutzt hatten.

Es muss die im Grunde uns freundlich gesonnenen Russen schwer getroffen haben, als von deutscher Seite mehr Feindschaft befohlen wurde, während sie Befreiung erhofften.

Die Generäle und älteren Offiziere im deutschen Lager konnten doch nicht ganz vergessen haben, dass sie vor und nach dem ersten Weltkrieg als deutsche Ausbilder in Russland tätig waren. Sie zumindest, mussten um die Tradition der deutsch-russischen Freundschaft wissen - bis zurück zur Hanse.

Zur Zeit der Nachtwache auf dem Heck des Panzers erreichte Manfred so etwas wie ein Schlüsselerlebnis. Zwei Stunden lang das Maisfeld im Auge behalten, auf jedes verdächtige Geräusch hören und reagieren, entbehrte auch bei Mondschein jedweder Romantik. Kurz nach Mitternacht fiel beunruhigende Stille über das Schlachtfeld. Die Sinne blieben angespannt, Mäuse und andere nachtaktive Tierchen sorgten allein für Vernehmbarkeit.
Wie aus dem Nichts tauchte direkt am Panzer eine Gestalt auf und bat um Feuer - auf russisch. Nichts ungewöhnliches, denn auch die Grenadiere im Vorfeld übten so ihre Lektionen in Russisch. Manfred antwortete auf "Spitzki yest?" mit "cada" oder so ähnlich, es sollte >Ja< heissen. Der nächtliche Raucher hielt seine Machorka hoch zum Anzünden. Während Manfred das Feuerzeug des Kommandanten aus der Luke holte, erzählte der Mann von seinen zwei Kindern und seiner Frau, und wie er diesen Krieg hasse. Manfred lobte die guten Kenntnisse der russischen Sprache, bückte sich, um Feuer zu geben. Da sah er nicht nur das umgehängte typische Scharfschützengewehr, sondern auch den roten Sowjetstern an der Mütze des "Feindes" prangen. Eine Schrecksekunde lang, unbewaffnet, ja ausgeliefert. Der Russe, gross und kräftig, hätte Manfred mühelos vom Panzer ziehen können. Stattdessen grinste der Feind verlegen, entfernte sich schnellen Schrittes, aber aufrecht. In seiner Bedrängnis, einer Mischung aus Pflicht und Mitgefühl mit dem vertrauensseligen Iwan, griff Manfred die auf dem Turm liegende Leuchtpistole und feuerte sie ab.

Der Knall und die Leuchtmunition weckte und scheuchte die schlafenden Krieger in beiden Lagern hoch: Einzelnen Gewehrschüssen folgten binnen einer Minute das Knattern von Maschinengewehren. Die Kameraden der Panzerbesatzung schliefen tief und fest unterm Panzer; schimpften über die hereingebrochene Störung.

Auf Betreiben des Kompaniechefs, Oberleutnant S., wurde die Gute-Nacht-Geschichte in der Frontzeitung veröffentlicht. Dem Spiess missfiel der "Ausrutscher", der eines deutschen Soldaten unwürdig, und worüber besser der Mantel des Schweigens zu breiten gewesen wäre.

Manfred ist wenige Wochen später - der Kompaniechef war gefallen - von der Liste der Offiziersanwärter gestrichen worden. Verkündet vom Spiess, dem Hauptfeldwebel, in strammer Haltung, aber unter "Ausschluss der Öffentlichkeit". Worüber Manfred froh sein konnte. Die Offiziere der Panzerabteilung sind der Reihe nach gefallen oder schwer verwundet worden. Der Spiess blieb unversehrt bis an die Invasionsfront im Westen.

Ihm fielen immer neue Tricks ein, wenn es galt, Manfred vom verdienten Heimaturlaub abzubringen. So mied er die Nähe des Hauptfeldwebels, musste aber einige Male bei Offizieren um Hilfe gegen den Übereifrigen nachsuchen: Ein Leutnant versetzte Manfred in eine andere Kompanie; nach schwerer Verletzung des Offiziers gelangte der hartnäckige Spiess in eben diese Einheit. Er wolle in der "Nähe seines Lieblings" bleiben.

Hinter den vorderen Linien der russischen Soldaten, die in mindestens drei Schützenlinien vorgingen, pflegten mit Maschinenpistolen bewaffnete Kommissare die Moral ihrer Truppe rücksichtslos zu sichern: Wer zurückwich, wurde niedergeschossen.

Wenn sie wieder angriffen, boten sie in der Regel ein leichtes und tödliches Ziel für unsere Waffen.

Wir brauchten keine Kommissare hinter uns zum Antreiben. Darüber nachgedacht haben wir schon, konnten aber als "junge Marschierer" keine Schlüsse ziehen.

Unbedarft hielten wir uns für die mit mehr Tapferkeit gesegneten Soldaten, die einfach Überlegenen.

Als sich die Fronten verhärteten, geschah nach Stalingrad Unvorstellbares:

Frauen-Bataillone einer Stalingarde - wir nannten sie Flintenweiber - verstümmelten deutsche Verwundete in unsäglicher Art und Weise, etwas, das uns am nächsten Tag das Blut in den Adern gefrieren liess. Wir mussten uns übergeben. Nirgendwo ist von Greueln der anderen Seite berichtet worden; darüber zu schreiben, blieb verboten bis in die wehrhafte Demokratie unserer Tage.

Umsomehr schoben die Medien im In- und Ausland der deutschen Wehrmacht in die Schuhe. War ja auch billiger; niemand ist bisher wegen Verleumdung an Deutschen gemaßregelt worden oder gar vor Gericht gestanden. Aus dem Wachtturm martialischer Sieger und auf Kosten der Besiegten ließ sich trefflich, vor allem in Deutschland selbst, Imagepflege allein durch Verabscheuung der Nazis und schliesslich der Wehrmacht betreiben; ein Treibhausklima für Emporkömmlinge, gewinnbringend für Opportunisten.

Eine blutige Auseinandersetzung wäre nicht nötig gewesen; das Volk in Russland hätte sich für uns und gegen den Bolschewismus entschieden, wenn die Verantwortlichen auf deutscher Seite zu mehr Durchblick fähig gewesen wären.

Wer war an dem großen Schlachten so sehr interessiert, daß normale Einsicht nicht aufkam? Eine historisch einmalige Chance fiel finsterem Eifer zum Opfer. Wir hätten keinen Schuss mehr abgeben müssen, um das Volk auf unsere Seite zu bringen. Ein Sieg, oder was man darunter zu verstehen hatte, wäre über diese Russen damals nicht nötig gewesen. Es waren die "Verantwortlichen" in und hinter beiden Lagern, die "Sieg" um jeden Preis, mit vielen Millionen Gefallenen haben wollten - ein gegenseitiges Abschlachten.

Haben die "Leute mit Durchblick" den Hitler und die Deutschen zur Dreckarbeit genutzt, ohne eventuell geheimgehaltene Zusagen für eine Gegenleistung erbringen zu wollen? Von den Historikern wahre Zusammenhänge erhoffen? Sie stochern da, wo geringster Widerstand gegeben und orientieren sich wie immer an den empfohlenen Eckwerten. Wie gesagt: Täuschen und Verdrehen schillert und zeugt von höherer Intelligenz. Wer will da freiwillig langweilige Wahrheit pflegen, die darüberhinaus Medien und Politiker über Gebühr strapaziert?

Hinter der Strategie der Übergeordneten steckt offenkundig die Absicht, Völker da "auszudünnen", wo sie am meisten stören. Angestrebt sind Multiethnien, einfach Bevölkerungen, die, so wenigstens wird gehofft, leichter zu manipulieren wären. Friedliche Zusammenarbeit der Deutschen mit den sogenannten Slawen, muß für bestimmte Kreise eine höchst widerwärtige, bedrohliche Vorstellung gewesen sein. Heute, da die Russen wie die Deutschen sich nachhaltig dezimiert haben, und sie weitgehend als Grossmacht "abgehängt" sind, sollte eigentlich Friede einkehren.

Eine "globale Intelligenz" ist am Werk, die damit noch nicht zufrieden scheint. Begriffe wie Fortschritt, demokratische Wertegemeinschaft, dienen dem Einnebeln der Wahrheit, auf dass eingelullte Massen keine Orientierung mehr finden.

Mit geradezu wütender Fleißarbeit werden die Deutschen verteufelt und geschädigt bis hinein in ihr Selbstverständnis, wobei man immer mehr auch Österreich und die Schweiz einbezieht. Rein zufällig und nebenher ist ein Feindbild gegen deutsche Sprache und Kultur entstanden, die ähnlich dem Trojanischen Pferd mit allen erdenklichen Asylanten, Wirtschaftsflüchtlingen und Einwanderern "angereichert" wird. Ein Rassismus der Chuzpe, der intellektuellen Qualität ist den Umerzogenen beschert worden.

Bis sie, diese Kultur mitsamt dem störenden Volk der Deutschsprachigen den Geist aufgibt. Dürfte dann wenigstens das Volk der Russen vor weiterer Nachstellungen verschont bleiben? Wahrscheinlich ja, denn sie haben sich vom Volke weg, zu einer tolerierbaren Bevölkerung im Sinne der Erlesenen, längst auf den Weg gemacht.

Noch schlimmer als bei uns steht es gegenwärtig um den europäischen Teil Russlands; es leiden die Menschen dort im Würgegriff mafioser Strukturen. Eine neue Variante des sich modern und demokratisch aufspielenden Internationalismus westlicher Prägung, das erneut ein Volk von "Untermenschen" produziert, wie es typisch sei für diese Russen - so wird es aller Welt zur Abschreckung vorgeführt. Sie sind so wie man sie haben will.

Nicht einmal die verfolgten und vertriebenen Wolgadeutschen werden in der so heiss ersehnten Heimat ihrer Vorfahren wie Heimkehrer, sondern wie "russische Untermenschen" aufgenommen. Ein weiterer Pluspunkt für die grossen Drahtzieher. Wären die Russlanddeutschen von den Menschen in ihrer Wahlheimat ebenso kalt behandelt worden, würden kaum mehr solche "Aussiedler" leben. Entsprechend verhalten sie sich - wie gewünscht: Nur kein Empfinden für Volksgemeinschaft aufkommen lassen!

Kein westlich orientierter Edelmensch möchte mit diesem von der Mafia verseuchten Russenvolk an einem Tisch sitzen, das Krieg führt gegen die Tschetschenen! Ein Krieg, der mit an Sicherheit grenzender Wahrscheinlichkeit von Auserwählten geduldet und angeheizt wurde.

Tschetschenen lässt die "Wertegemeinschaft " mehr oder weniger ungerührt als Terroristen opfern: Es gibt Einträglicheres.

Wer über die Medien, das heisst, über das für ihren Betrieb notwendige Kapital verfügt, stellt rechtzeitig die Weichen für das, was verabscheuungswürdig auszugrenzen ist!

Jung und unwissend wie wir jungen Krieger waren, funktionierten Freiwillige und Einberufene gleichermaßen pflichtbewusst. Und das zur Freude der Macher: Wir waren schließlich auf beiden Seiten gewillt, uns mit dekorationswürdiger Tapferkeit gegenseitig auszurotten.

Was Manfred und seine überlebenden Kameraden jetzt wissen: Antrieb für Heldentum und Tapferkeit war die Angst - zum einen die vor dem Versagen im Angesicht der "Feinde" gegenüber Volk und Kameraden für die man sich verantwortlich fühlte, zum anderen die animalische, aber untergeordnete Angst vor Verwundung und Tod.

Angst übt von jeher auch eine natürliche Schutzfunktion für alle Lebewesen aus, bewirkt lebensrettende Abwehrkräfte und kann schöpferische Leistungen anregen.

Unachtsamkeit allein schon brachte oft genug die eigenen Leute in Gefahr.

Anfänglich liefen noch ganze Einheiten zu den Deutschen über. Die in der Gefangenschaft halb verhungerten, heruntergekommenen Russen führte man dann in den Wochenschauen als Angehörige einer minderen Rasse vor. In wessen Auftrag, mit welcher Absicht ? Alle Schuld dem Adolf Hitler in die Schuhe schieben, ist zwar beliebte Praxis, nicht nur außerhalb Deutschlands, aber es scheint sehr viel weniger an Üblem auf seinem Mist gewachsen. Gebraucht wird er dennoch dringend als Alibifigur; die tonangebenden Herren der Gegenwart leben weitgehend davon.

Weiter nördlich, hinter der Front, erlebten wir den Auftritt des größten Feldherrn aller Zeiten (Soldatenjargon: "Gröfaz") an einer Kreuzung, der nach Nord und Ost führenden Rollbahnen.
Er stand auf einem Podest, grüsste in der bekannten Pose seine zur Front ziehenden Soldaten. Da war er "unser Adolf", auf den wir uns verlassen durften. Tiefe Freude empfanden wir Frontsoldaten - noch als Geachtete, in wenigen Jahren schon als Geächtete, zu Tode Gehetzte. Wieder niemand, der hell genug gesehen und das mitgeteilt hätte.
Weise im Hintergrund liessen aufeinander prallen, was ihnen gelegen schien.

Der Führer von damals: nicht von jedermann geliebt, aber von der überwiegenden Mehrheit der Deutschen verehrt und geachtet. Da änderten lose Anmerkungen und Witze über ihn und vor allem über seine Regierungsmannschaft nicht viel.
Kaum drei Stunden nach der Vorstellung auf der Rollbahn meldete uns der Funker, daß auf UKW die Nachricht hereinkam, nach der Hitler eine Rede im Führerhauptquartier vor Offizieren gehalten habe. Zur selben Zeit. Deshalb also sprach der Hitler an der Rollbahn kein einziges Wort! Er war ein propagandis-

tisches Sonderaufgebot, ein Double; der Führer selbst hat wahrscheinlich nie erfahren, daß er an dieser Stelle ein Schauspiel gab. Vorgänge dieser Art gehörten zum Bereich des Propagandaministeriums. Trotz allem:

Eine Information aus dem neuen Medium Rundfunk vermittelte unerwartet Kenntnis über Vorgänge, die von Staats wegen unentdeckt bleiben sollten.

Leider warten die neuen Medien mit Schattenseiten auf: Unterschwellige Botschaften in Ton und Bild, die uns manipulieren. Nicht nur, um Konsumwünsche zu wecken und zu kanalisieren, auch unsere Denkweise und politische Einstellung wird geformt.

Umso brachialer wird der Zorn der Irregeführten ausfallen, sobald ein Sättigungsgrad erreicht oder überschritten wird. Bei günstiger Einstrahlung und mit einigem Glück, könnte Erkenntnis einkehren, das Internet ausscheren, die Welt für die >Illuminaten< nicht mehr steuerbar sein.

Die Signale zum Auslösen von Eruptionen sind sichtbar geworden am Himmel und auf Feldern - in Form von Symbolen auf dem Land und über uns.

Von dem Tage der Propagandaeinlage an, nagte der Zweifel an uns. Heute fragen wir: Welche höherrangigen Erdenlenker zogen da wirklich die Fäden? Welcher Propheten oder Einflüsterer bediente sich der Führer? Ging sein Sendungsbewußtsein über alle Vernunft hinaus oder war er gar über Medikamente und Drogen fernsteuerbar geworden?

An jenem schönen Tag hatte die Sonne das Sagen, der Soldat, als Freiwilliger bei der Division "Großdeutschland" und die Matka, wollten sich verständlich machen. Sie gab ihren Vornamen Taschja preis und reichte Manfred eine Handvoll Kürbiskerne. Die Fertigkeit im Kauen derselben regte zur Nachahmung an.

Man lachte und spuckte die Schalen in die Landschaft, die flach und fruchtbar, so weit das Auge reichte. Die Kürbiskerne waren - wie wir heute wissen - an der gesunden Prostata der Russen mit beteiligt. Taschja besah sich unvermittelt Manfreds Hand und erläuterte teils deutsch, teils in ukrainischem Russisch, was an zukunftsweisenden Linien zu deuten war. Sie versicherte, daß er gesund den langen Krieg überstehen würde. Wie denn - ein Krieg, der lange dauern sollte?

Ein besonderes Erlebnis, das er jetzt noch nicht verstehen könne, erwarte ihn an einem Sonnenblumenfeld in wenigen Wochen. Auch die spätere Gefangenschaft erkenne sie, aber nicht in Russland, denn dann würde er sich hier verstecken können, meinte sie augenzwinkernd.

Natürlich würde der Soldat eine schöne blonde Frau in Germania heiraten, die ihm drei Kinder gebären wird. Einen plötzlichen Tod würde sie sterben, worunter er sehr zu leiden habe. Schließlich ginge es ihm gut bis in das hohe Alter.

Manfred hielt das mit der Wahrsagerei für eine freundliche Geste und verabschiedete sich.

Seine Kameraden hatten sicher schon die Lötlampe am Brennen und die Pfanne mit Sonnenblumenöl bereit. Ein voller Kanister dieses nach Nuss schmeckenden Speiseöls hatte man im Panther-Panzer verstaut. Ein Kamerad dürfte inzwischen schon Zwiebeln zum Würzen der Bratkartoffeln aufgetrieben haben. Eine fast beschauliche Zeit vor dem Sturm, der losbrechen sollte.

Noch einmal traf Manfred Taschja, die Wahrsagerin, als die sie ihm in Erinnerung blieb. Diesmal sichtlich irritiert von dem mächtigen Panzer, von dem er ihr zuwinkte.

Erkannte sie den Manfred von vorgestern wieder? Ob das ihr Freund sein kann, der da auf einem stählernen Monster mit donnerndem Motor dahinfährt?

Eindringlich zischten die hochbrisanten Granaten der Do-Werfer über unsere Köpfe gen Osten - ein Geräusch, nein, ein infernalisches Kratzen wie von tausend Kreidestücken auf einer Schiefertafel. Wir rollten an die Front. Dort hörten sich die Einschläge der Geschosse für uns erträglicher an; der Vorhang aus Feuer und Eisen unterstützte den Angriff der Panzerdivision.

In der großen Panzerschlacht im Kursker Bogen erlebte Manfred in einem Sonnenblumenfeld, irgendwo östlich von Achtirka/Bjelgorod, das von der Taschja angekündigte Ereignis, wenigstens meinte er, daß es das war:
Sein Panzer, in Brand geraten, vermutlich durch einen Vergaserbrand - die Maybachtriebwerke waren noch nicht ausgereift - explodierte, und Manfred fand sich benommen und angesengt in den Sonnenblumen. Wegen der zahlreichen Detonationen um ihn herum, verlor der Soldat die Orientierung, trotz der zur Sonne ausgerichteten Blumenköpfe.

Die fortschrittliche Truppenführung mit Hilfe von UKW brachte es mit sich, daß innerhalb weniger Minuten, die Angriffsrichtung plötzlich eine andere sein konnte. Die Panther-Panzer, für die damalige Zeit nachrichtentechnisch überragend, waren mit Sendern und Empfängern auf UKW-Basis ausgerüstet. Auf diesem Gebiet hatten uns die Gegner nichts Vergleichbares entgegenzusetzen.
Fehlentscheidungen auf "höherer Ebene" kamen trotzdem über uns: Nach dem Krieg, man konnte end-

lich alles besser wissen, war in einem Bericht über diese grösste Panzerschlacht des 2. Weltkrieges zu lesen, dass auf Führerbefehl hin, in der entscheidenden Phase drei SS-Divisionen nach Süditalien abgezogen wurden, wo eine Invasion der Alliierten bevorstand. So musste gewonnenes Terrain im Kursker Bogen und die Aussicht auf einen Sieg gegen die Sowjetunion aufgegeben werden. Zwar einige hundert Kilometer weiter südlich, aber wir waren nach Osten, "hinter" Moskau vorgestossen, was wir erst nach dem Krieg erfuhren.

Kein Wunder, wenn Manfred nun, ohne Funkverbindung, nicht wusste, wohin er sich bewegen sollte. Als er entschlossen in westliche Richtung aufbrechen wollte, geschah es: Plötzlich sah er sich über dem Schlachtfeld und konnte von oben russische Soldaten sehen, die von da kamen, wohin er wollte.
Er fürchtete Beschuss auf ihn, den über allen Schwebenden. Nach einer Schrecksekunde gelangte er in seinen Körper zurück. Nachzudenken über das Unglaubliche blieb weder Zeit noch Raum. Bestenfalls reifte die Erkenntnis heran, das Erlebte um jeden Preis zu verdrängen.
Fast widerwillig, aber gehorsam schlug er den Weg ein, der wegführte von der vorgefassten Himmelsrichtung. Robbend, mit blutig aufgescheuerten Ellbogen, vorbei an vielen russischen Gefallenen; ihr Verwesungsgeruch und ihre aufgedunsenen Körper sollten ihn lebenslänglich verfolgen. Vor Sonnenuntergang erreichte er eine deutsche Einheit, er war gerettet.
Sind die vielen gefallenen russischen Soldaten absichtlich in den Tod, vor unsere Waffen, gelaufen? Es war schwierig in diesem Abschnitt, Gefangene zu machen: Einer unserer Panzerkommandanten wurde bei dem Versuch, russische Soldaten vor den Kommissaren abzudrängen, von einer Maschinenpistole getroffen und starb im Turm stehend.

Manfred wagte nicht, das unerklärbar Erlebte irgendjemandem mitzuteilen, er fürchtete, man würde ihn als nicht ganz richtig im Oberstübchen einstufen und vielleicht gar in eine Heilanstalt einweisen. Eine Schande wäre das gewesen für seine Familie und vor seinen Kameraden.

Lange genug lastete die schockähnliche Erfahrung auf ihm. Vermutlich gab es dieses "Verlassen des Körpers" häufiger wie wir heute wissen; aus vorgenannten Gründen, legten die Betroffenen keinen Wert auf "Öffentlichkeit".

Woran sich so viel nicht geändert hat.

Ein fast identisches Austreten aus dem Körper geschah zwanzig Jahre später. Dieses mal allerdings mit sachlichem Interesse wahrgenommen über das Zustandekommen des Unerklärlichen, das er gerne wiederholen wollte. Vor allem das Durchdringen der Dachsparren, die zwar gesehen, aber nicht gefühlt wurden. Die Dachziegel blieben unsichtbar. Warum? Erst einmal erschrocken wie damals in Russland, nahm sein Körper wieder Besitz von ihm, seiner Seele oder was immer das sein mochte.

Mit Hilfe einschlägiger Literatur und Yogaübungen versuchte Manfred eine Neuauflage. Es gelang nicht. Wahrscheinlich liess sich so etwas nicht erzwingen - es kam spontan, wahrscheinlich einem Naturgesetz stellarer Besonderheiten folgend, wozu nicht unbedingt eine genetisch bedingte Veranlagung gehört. Ein paranormaler Luxus, kaum als Gesprächsstoff geeignet. Zu dieser Kategorie des Verschwiegenen gehören unter anderem die Sichtungen von Ufos und Feuerbällen wie so ziemlich alles Paranormale, für das man ehedem die finale Lösung auf dem Scheiterhaufen fand.

Warum kam "es" überhaupt zustande? Manfred sprach darüber mit seiner Frau; sie fand das zu seinem Erstaunen als einen fast verständlichen Vorgang.

Es gebe Dinge zwischen Himmel und Erde, die man nicht im Physikbuch nachlesen könne, beruhigte sie ihn.

Lange noch nach Krieg und Gefangenschaft erinnerte sich der Heimgekehrte an die Prophezeiungen der Matka, die einfach eingetroffen sind.
Jetzt, da die Welt voll Endzeitahnungen ist, literarisch aufbereitete Apokalypse-Mythen reichlich geboten werden, kehren Erinnerungen ein.

Die Erfindung der Slawen

Gog und Magog

Der Prophet Habakuk: "Warum lässt Du mich Bosheit sehen und siehst dem Jammer zu? Raub und Frevel sind vor mir; es geht Gewalt vor Recht. Darum ist das Gesetz ohnmächtig, und die rechte Sache kann nie gewinnen; denn der Gottlose übervorteilt den Gerechten; darum ergehen verkehrte Urteile...Die Weissagung wird ja noch erfüllt werden zu ihrer Zeit und wird endlich frei an den Tag kommen und nicht trügen. Wenn sie sich auch hinzieht, so harre ihrer; sie wird nicht ausbleiben....Weh dem, der sein Gut mehrt mit fremdem Gut - wie lange wird's währen? ... Denn du hast viele Völker beraubt. So werden dich wieder berauben alle übrigen Völker um des Menschenblutes willen.."

Inzwischen wissen wir, wie wenig man sich auf historische Daten und Zeitrechnungen   verlassen kann. Der Wissensstand unserer Tage mag auch nicht der Weisheit letzter Schluß sein: Dem Computer und der modernen Astronomie wäre freilich eher zu trauen, wenn sich nicht in "sensiblen Bereichen" Behörden zwischenschalten würden, die für die "Verarbeitung" von Informationen und deren Auswahl sich Zuständigkeit aneignen.

Im Zuge der Zeitkorrektur nach dem Jahr 1.000, bei der etwa zwischen 614 und 911 die besagten 297 Jahre beinahe fugenlos eingelassen wurden, verfälschte man auch die Ostgermanen zu Slawen. Offensichtlich war dies der tiefere Sinn, das tragende Motiv des zeitvermehrenden Einschubs.
Martialisch und düster stehen >Gog und Magog<, zwei riesenhafte Steinfiguren im grossen Saal von Guildhall in der City von London; der Sage nach versinnbildlichen sie den Sieg eines sächsischen Riesen über einen Riesen aus Cornwall. Jedenfalls Krieger, beide gepanzert und mit Schwertern umgürtet, das Haupt des einen ziert ein Kranz von Eichenlaub, das Haupt des andern ein Lorbeerkranz. In einem alljährlichen Umzug bei der Einführung des Lord-Mayor (Oberbürgermeister) am 9. November, begleiten grotesk ausstaffierte, von Männern getragene Nachbildungen von Gog und Magog, die Prozession. Der Ursprung aber beginnt vor Jahrtausenden und reicht in unsere Zeit.

Ohne irgend eine Voraussetzung, eine vorhandene Tradition, sei sie historischer und/oder religiöser Natur, wäre eine Zeitfälschung wie sie die Autoren Illig und Topper aufdeckten, nicht denkbar.
Eine historische Weiterführung, die einleuchtet, entspringt aus der biblischen Tradition von >Gog und Magog<: Zwei Begriffe aus dem Neuen und Alten Testament, wonach im Sinne der Judenheit und später im Einverständnis des Christentums, Völker aus dem Norden veranlasst werden, gegeneinander Krieg zu führen, um sich allmählich aufzureiben.

Nach Ez. 38 und 39, kommt Gog aus dem >Land des Magog< und gilt als Führer der Völker des Nordens; Gott selbst führte ihn nach biblischer Darstellung als Strafaktion gegen Israel, in der >Endzeit< würde er jedoch vernichtet. Diese angestrebte Endzeit bedarf allem Anschein nach der endgültigen Auseinandersetzung mit dem apokalyptischen Harmageddon.

Gemäss dieser Darstellung erscheint Magog als "barbarischer" König der Nordvölker neben Gog.

Ausgegeben werden beide in der Apokalypse (20,7ff) als vom Satan gegen JerUSAlem eingesetzte Feindgestalten. In der rabbinischen Literatur und im Christentum werden Gog und Magog bis in unsere Zeit mit antichristlichen und antijüdischen Mächten wie die unter Napoleon und Hitler (!), sowie bis Ende des 2. Weltkriegs auch die Türken, in Zusammenhang gebracht.

Eine Erklärung drängt sich auf für die von Israel in den letzten Jahrzehnten in aller Stille betriebenen Zusammenarbeit mit der Türkei, vor allem auf dem Gebiet der militärischen Gemeinsamkeiten. Was so befremdlich nicht scheint, wenn der aufstrebende Staat der Turkvölker für neue Aufgaben vorbereitet wird, die auf eine weitere Auseinandersetzung gegen die als feindlich eingestuften Völker des Nordens zielt.

Man muss keinen besonderen Scharfsinn aufwenden, um zu erkennen, wie die einstmals traditionelle Freundschaft zwischen Deutschland und der Türkei durch massenhaften Zustrom türkischer "Gastarbeiter" in offene Ablehnung umgedreht werden kann. Die nächsten Schritte bewegen sich zielstrebig auf einen neuen Krieg zu, der vorgesehen ist "mit dem Kampf der 70 Völker", zum erneuten Aderlass der "antijüdischen" Mächte bis hin zum alles klärenden Harmageddon der "Endzeit".

Im Sinne der Weisen bedeutet "antisemitisch" eine für ihre Interessen nutzbare Einstellung bei so ziemlich allen Nichtjuden; sie diente und dient zionistischen Zielen, zuweilen sogar gegen die Mehrheit der Juden.

In seinem Buch "Sammlung von gallischen und französischen Funden und Altertümern", sieht Pierre Borel, ein bekannter Historiker des 17. Jahrhunderts, "Gog" als eine Abwandlung des Wortes "Goth" oder "Got". Dabei dürfte es sich um die Goten und Massageten handeln, zwischen denen die Bibel unterscheidet. Massageten bedeutet das "Muttervolk der Goten", das etwa tausend Jahre vor Christus oder sogar früher, im heutigen Turkmenistan auftauchte.

Die ostgermanischen Goten bezeichneten sich ursprünglich als "Gelheten", woraus sich "Geten" und "Goten" ableiteten, die "blonden Kinder des Heth".

Der von dem Israeliten David erschlagene Riese Goliath war ein solcher Gelhete.

Nach Auffassung der modernen Archeologie liessen sich die Goten deutlich früher als bisher angenommen, in den Balkanländern nieder. So erklärt sich, warum gotische Wörter in das Altgriechische eingingen. Wie zum Beispiel "Bair baur", das im Griechischen zu "barbaros" wurde oder das Lehnwort "pygros", das Turm bedeutet und aus dem gotischen "baurgs" stammt. "Bair baur" bedeutet >Sohn des Bären< und bezieht sich auf das Sternbild des Großen Bären.

Einmal mehr erstaunt das Wissen der "Primitiven" aus dem Norden über stellare Bilder und Zusammenhänge. Erregten sie vielleicht auch deshalb Argwohn und Missgunst bei orientalischen Nachbarn?

Zu hoffen ist, dass noch viele weitere Sprachverwandtschaften an das Licht gelangen und übereifrige Missionare der Christenheit nicht überall die Spuren alter Kulturen beseitigen konnten.

Der Edda-Bearbeiter Hans Kuhn sieht den Ursprung der Götterdichtung (Edda) in Norwegen und Island, die Entstehung der Heldendichtung jedoch im fernen Süden; alle Anzeichen deuten darauf hin, dass sie vor allem von den Goten ausging. Kein anderer Stamm der Germanen gab der gemeinsamen Heldendichtung so viele Impulse. Von den übrigen Ostgermanen, den heutigen Slawen, wanderten die Sagen und Lieder nach Deutschland, England und den Norden.

Wie aber konnte sich im Balkan im Laufe der Jahrhunderte die hinlänglich bekannte Zwietracht der dort lebenden Völker so sprichwörtlich verwurzeln? Trotz intensiver Nachbehandlung der NATO ist keine Besserung in Sicht. Das eigentliche, so nebenher gelieferte Motiv scheint die Verschüchterung der Nachbarvölker zu sein.

Entgegen Angaben aus dem Alten Testament, bezeichnet das Neue Testament >Gog und Magog< als zwei Völker im Norden der damals bekannten Welt - nicht als deren führende Persönlichkeiten. Reine Zufälligkeit wird es nicht gewesen sein, wenn sich als Folge zwangsläufiger Entwicklung die Massageten von den Gelheten oder Goten trennten und eigenen Siedlungsraum suchten.

Auf ihrem Weg durch Asien kam ein Stamm der Goten mit türkischen und mongolischen Völkern in Berührung. So lässt sich jedenfalls erklären, warum auch die Mongolen eine Nibelungensage kennen. Ihre Gesellschaftsordnung war in mancher Hinsicht der gotischen ähnlich, es fiel ihnen deshalb leicht, die Geschichte der Nibelungen zu übernehmen.

Die bekannte Zwietracht unter den germanischen Völkern hat vielleicht doch einen tieferen Grund, der nicht unbedingt mit einem rassisch bedingten Makel zu erklären ist.

"Intelligente" Einschätzung germanischer Eigenheiten provozierte Intrigen, mit denen die Germanen gegeneinander aufgebracht werden konnten. Dahinter stand die simple Erkenntnis, dass Germanen erfolgreicher mit Germanen zu besiegen waren.

Die in Geschichtsbüchern zwischen Hunnen und Römern auf den Katalaunischen Feldern (451) dargestellte Schlacht erweist sich als Kampf zwischen Franken vom Niederrhein gegen Franken vom Mittelrhein, Ostgoten kämpften gegen Westgoten. War das wirklich nur mangelndes Gemeinschaftsbewusstsein unter den Germanen oder sind sie eben doch einem Ränkespiel aufgesessen, das sie nicht durchschauten? Wie die Nibelungensage lehrt, mangelte es den Germanen grundsätzlich am materialistischen Durchblick:

Die Nibelungen versenkten ihr Gold im Rhein, weil sie überzeugt waren vom Übel, das von den Schätzen dieser Welt ausgeht. An dieser Prägung, die letztlich Kapitalismus und Kommunismus verabscheute, erhitzten sich die Gegner durch alle Jahrhunderte hindurch. Ihr Höhenflug rief die Nachbarvölker auf den Plan, die den "Abgehobenen" mit List und zeitgemässen Massnahmen zu begegnen wussten, vornehmlich, um sie auf Schlachtfeldern ausbluten zu lassen.

Bei allen gotischen Stämmen herrschte das Mutterrecht, was zu keinen bekannten frauenrechtlichen Auswirkungen in den Nachbarvölkern führte. Ob die nun emanzipierte Welt der modernen Frauen sich auf die heidnischen Gotinnen berufen darf?

Es finden sich regierende Königinnen schon bei den Massageten und dann wieder bei den Ostgoten im Italien des 6. Jahrhunderts nach Christus.

Die Streitmacht der Massagetenkönigin Zomyris soll den persischen Welteroberer Kyros besiegt haben. Noch heute gibt es Nachkommen dieser Massageten im Iran, im früheren Persien. Gelang den Machos in den Nachbarvölkern die Aufteilung des Siedlungsraumes der Nachkommen Goliaths? War David, ein Knabe noch und als blond bekannt, nicht auch einer, der den Nordvölkern nahe war?

Heraustretend aus der "Sphäre der Stille, worin eine Welt vergeht" (Weinreb, S.114), um Platz zu machen für eine neue Welt.., in welcher die Kriege zwischen Gog und Magog sich abspielen.

Verwandt wäre Gog und Magog mit dem Wort für Dach (>gag<), für die "Dachvölker", die sich gegenseitig zu vernichten haben.

Nach Weinreb (S.273) macht der erste Erlöser aus dem Hause Joseph die Kriege zwischen Gog und Magog mit - er ist der Erlöser der leiblichen Seite der Schöpfung. Der zweite Erlöser ist der Messias aus dem Hause Juda. Schliesslich wäre der Krieg von Gog und Magog eine Voraussetzung für das Erscheinen des Messias, der nach mosaischer Lehre schon in seinem Volke gegenwärtig sein müsste.

Gog und Magog zählten zu den "wilden Völkern" am Kaspischen Meer. Zu Zeiten der islamischen Eroberungen ordnete das Christentum erst die arabischen und später die türkischen Heere Gog und Magog zu. Ähnlich dem biblischen Harmageddon gelten die Kriege um Gog und Magog vielerorts auch als eine der apokalyptischen Auseinandersetzungen zwischen Gut und Böse.

Gab es in jenen Zeiten schon eine Art Geheimzirkel der Verschwörer, Bruderschaften, die unter jeweils neuen Namen die Richtung wiesen, in die sich die Völker der Erde entwickeln sollten? Nach William Blake müssen endlich die "Tore der Wahrnehmung" gesäubert werden; Religion und Wissenschaft vereinigten sich, wenn es der Zeit- und Geschichtsfälschung dienen mochte.

"Der Mensch der Zukunft wird derjenige sein, der das längste Gedächtnis hat"! Ein Wort von Nietzsche, das auffordert, die Lügenfundament unserer Geschichte, die tönernen Säulen der Kultur zu erkennen, auf denen wir nicht länger ruhen wollen.

Keine geringe Rolle in der "geistlichen Vorbereitung" der Zeitkorrektur dürfte das kabbalistische, das "teuflische" Jahr 666 gespielt haben, in dem sich weder das angekündigte Strafgericht Gottes, noch die Erscheinung des Erlösers verwirklichen wollte.
Machthungrige Menschenverächter müssen nachträglich im 10. und 11. Jahrhundert mit Erfolg das Rad der Geschichte im Dunstkreis einer Religion zu ihren Gunsten gedreht haben. Oder waren es gar die Oberhirten selbst, die dazu "Abtrünnige" entstehen liessen, denen folgerichtig in einem Glaubenskrieg zu begegnen war (s. Kreuzzüge und zwei 30-jährige Kriege).

Frühchristlichen Glaubensrichtungen wie den Arianern und dem Islam ist ähnlich mitgespielt worden. Dem Arianismus (s. das Vaterunser des Wulfila aus dem Silbernen Kodex der Gotenbibel) hingen die Goten und Wandalen an, die man in Folge nicht ungern als Sklaven-Slawen bezeichnete - nach dem 11. Jahrhundert. Das Christentum in der arianischen Auslegung übernahmen die während der Völker- wanderung in das Römische Reich eindringenden Germanen; ein weiteres Motiv zur Spaltung der Völker aus dem Norden und Osten in Slawen und christianisierte Germanen im Westen.
Arian aus Alexandria, ein Monotheist aus Überzeugung, führend im damaligen Christentum, wurde schliesslich aus der Kirche ausgeschlossen. Ausübung und Ausweitung von Macht gehörte nicht ziu seinem Glaubensverständnis. Sein Einfluss auf die Germanen erwies sich als zu gross und nicht von zukunftsträchtiger Qualität. Arians "Irrlehre": Jesus habe einen Anfang in der Zeit und nicht von Ewigkeit her bestanden wie Gott selbst. In jenen Jahren, mit Hlife

der germanischen und keltischen Völker, war der christliche "Erdkreis" arianisch gewesen. Das musste geändert werden und sei es mit Hilfe der Wissenchaft, die in kirchlichem Verständnis sonst eher des Teufels war.

Im Islam wird Gott nicht als Person verstanden, sondern als himmlische Allmacht, die nicht identisch ist mit den Haupt- und Untergöttern von Juden und Christen, als deren Obergott Jahweh, der Ausserirdische zu verstehen wäre, der 762 Jahre alt geworden sei. Was sich als ein weiterer Grund zur Rekonstruktion der Geschichte anbot.

Bei spätantiken Schriftstellern finden sich die ersten Nachrichten, in denen die Slawen genannt werden. Zum einen in der "Gotengeschichte" des Jornandes um 550; er spricht darin von den Venethi, die in den weitläufigen Regionen zwischen Weichsel und Schwarzem Meer zuhause seien.

Ein anderer, Prokop, gestorben 562, kennt in seinem griechisch geschriebenen Kriegsbericht keine Venethi, sondern Sklavinen und Antai. die gelegentlich mit den Hunnen sich verbündeten. Zuvor soll man sie generell als Spori bezeichnet haben, die sich der gleichen Sprache bedienten und dieselben Waffen trugen.

Der dritte Hinweis steht in einem Text von Theophylakt (628); danach sollen die Sklavinen mit den Awaren verbündet gewesen sein.

Sowohl die Venethi als auch die Anten wären unter demselben Oberbegriff, nämlich dem der Wenden zuzuordnen. Spori könnte lediglich eine Verdrehung von Sorbi sein. In Zedlers Lexikon aus dem Jahre 1743, steht unter Slaven "Wende von Wandalern, auch gleich Knecht, Leibeigener".

Merkwürdig jedenfalls: Von Wenden, Serben oder Slawen ist nach den Byzantinern im 7. Jahrhundert bis zum späten 9. Jahrhundert nichts mehr zu hören. Archäologen stoßen sich immer wieder an der "fundleeren Zeit", in der keine Münzen aus den drei Jahrhunderten anzutreffen sind. Werden solche ausgegraben, handelt es sich in der Regel um Fundstücke aus einer anderen Epoche.

Von Transkaukasien, über die Wolga bis zur Ostsee, taucht als >Leitfossil< arabisches Silbergeld aus nordafrikanischen und irakischen Prägestätten auf, die, übertragen auf unser 9. Jahrhundert, zu datieren sind.

Bei den Arabern (s."Zeitrekonstruktion" von Uwe Topper) beginnt etwa in diesem Zeitraum auch erstmals die Erwähnung der Slawen, die damals >Saqaliba< genannt, in Bagdad Handel trieben und in Andalusien als Palastwachen und Berater Dienst taten. Im islamischen Spanien waren sie neben Imasiren, Arabern und Negern die viertgrößte Ethnie.

Die Slawen seien von Juden in Osteuropa gefangen oder gekauft und als Sklaven nach Spanien gebracht worden. Diese Version scheint fraglich; damals fand man an den Juden generell nichts Gutes; hätten sich die Ostgermanen bzw. Slawen einfach gefangennehmen lassen? Auf diese Weise jedenfalls, gelang es gleichzeitig, die ostgermanischen "Slawen" als über Juden verkäufliche Sklaven darzustellen. Eine mindere Rasse eben, wie man sie brauchte zum Ausgrenzen, zum Teilen und Herrschen, auf dass sie zwischen Gog und Magog "im Kampf der siebzig Völker" sich zerfleischen sollten - in einem Kampf um den Besitz der Welt.

Nur die "Weisen" wissen, ob damit lediglich die Erde mit ihren Bewohnern gemeint ist.

Die Slawen Andalusiens sind die uns bekannten Goten und Wandalen. Sind letztere nicht besonders auffallende Bösewichte, nämlich die sprichwörtlichen Vandalen in den eingebauten Jahrhunderten geworden? Wie konnten sie vierzehn Tage lang Rom plündern, wenn sie zuvor von den Westgoten im fernen Andalusien vernichtend geschlagen wurden?

Einer sich religiös und christlich gebärdenden Schicht, die von Lüge und Täuschung lebte, müssen die Hellhäutigen aus dem Norden und Osten provozierend gewesen sein; deren Verständnis für Betrug und Ranküne war nicht im üblichen Ausmass vorhanden, zumindest unterentwickelt. Eine Schwäche vielmehr, die es zu nutzen galt.

Laut Brockhaus "kristallisierten sich" die ostslawischen Stämme just zwischen dem 6. und 8. Jahrhundert heraus, einem historischen Vakuum - in einer mit viel Fleiß zu füllenden leeren Schublade. Ein Zufall? Brockhaus, das zuverlässige Nachschlagewerk?

Die Bezeichnung >altslawisch< kommt aus den Namen mehrerer Stämme, den späteren Slowenen, Slowaken und Slowinzen etc. Auch der polnische Fluss namens Slawa könnte dazu beigetragen haben. Nach römischen Quellen im 1. und 2. Jahrhundert, geht der Name auf das ostgermanische Volk der Wenden zurück.

Das griechische "sklabenoi", erstmals im 6. Jhdt., ersetzt den fremden slawischen Anlaut "sl" durch eigenes skl. Es setzen sich die griechische Kurzform und das lateinische "sclavi" durch. So steht es in Nachschlagewerken, für die einer vom anderen Experten abgeschrieben hat.

Spanische Geschichtsbücher aus den 50iger Jahren "wissen" von blutigen Auseinandersetzungen und auffallenden Grausamkeiten in den Herrscherhäusern der Westgoten. Einer namens Egica, Neffe des Wamba, überlässt seinem Sohn Witiza die Thronfolge und

lässt dem Sohn des Rivalen Khindasvinto, Teodofre-
do, die Augen ausstechen. Es folgt nach 710 die Re-
gentschaft eines Don Rodrigo, die "voll von Legenden", die Araber zur Invasion Spaniens ermunterte.
Der ebenfalls legendäre Don Julian, ein christlicher
Berber und Untertan der Westgoten, vereinigte sich
mit dem Heer des Rodrigo von 100 000 Mann, was
von dem Historiker Abderrahman im 9. (?) Jahrhundert , ebenso als fraglich dargestellt wird, wie die
Schlacht von Guadalete/Jerez, in der die Verwandten
des Rodrigo, zusammen mit dem Araber Tarik, die
Armee des Rodrigo vernichtend geschlagen haben
sollen.
In nur einer Schlacht sei das Reich des Don Rodrigo
untergegangen. Er selbst starb während des Kampfes
im Juni 711, also in den ersten Jahrzehnten des Zeit-
Einschubs. Christlichmaurische Chronisten hätten 754
darüber berichtet. Das alles sei in der "Cronica Sarra-
cina" von 1430 (!) bestätigt worden.
Verwunderlich, so die Historiker, sei während der
Herrschaft der Westgoten in Spanien, das Zusammenleben unterschiedlicher Religionen und Kulturen;
eine in die Zukunft reichende Koexistenz konnten die
gotischen Herrscher jedoch nicht verwirklichen, weil
sie von den Musulmanen zum entscheidenden Zeitpunkt besiegt und verdrängt worden seien. Die Westgoten lebten dennoch weiter in Eintracht mit der spanischen und der eingedrungenen moslemischen Bevölkerung. Andersgläubige waren für die Goten zu
keiner Zeit ein Problem gewesen. Sie prägten die freie
Bauernschaft, die von den adligen Westgoten geschützt und notfalls mit Waffen versorgt wurde.
Mit Hilfe dieser geradezu freundlichen Darstellung der
"Barbaren" schufen die späteren Geschichtsfälscher
eine Atmosphäre der Toleranz und der Glaubwürdigkeit für ihre Geschichte. Was zählte, war die von ihnen geschaffene Zeitrekonstruktion. Dass sie ange-

nommen wurde, war vor allem ein Verdienst der heiligen Inquisition.

Seit dem 12. (!) Jahrhundert taucht die Formulierung >Sklave< auf, was den chasarisch-arabischen Sklavenhandel charakterisiert. Gemeint waren damit generell die Hellhäutigen aus dem Norden und Osten Europas, die in südlichen Ländern Dienstverpflichtungen eingingen oder eingehen mussten (als Gefangene?). Die Urheimat der Slawen bzw. der Ostgermanen liegt östlich des Dnjepr und westlich der Weichsel.
In der Forschung umstritten ist die "Slawische Urnenfelderkultur" 2000 bis 1000 vor Christus, aus der auch die keltisch-germanisch-illyrischen, italischen und anderen Stammeskulturen hervorgingen. Eine "Formierungsphase" wird erst im 3.-5.Jhdt. nach Chr. (Großverbände im osteuropäischen Waldgürtel) bekannt. Ihre Nachbarn im Norden waren Balten, im NW andere germanische Stämme, im SW Kelten (Illyrer), im Süden Thraker und im Südosten iranische Völker.
Eine Siedlungsausweitung geschah erst im Zuge der Völkerwanderung.
Um 500 n.Chr. lebten die Pseudo-Slawen zwischen Memel, Karpaten, Oder und Dnjepr. Gegen Byzanz erzwungene Landnahme setzte erst ab dem 5.Jahrhundert ein.
Bis hierhin ohne Zeit-Manipulation.

Zur eigentlichen Erschaffung der Slawen, nach Uwe Topper in seiner "Zeitrekonstruktion": "Selbst wenn wir nicht wüssten, daß die Slawen dasselbe Volk wie die Deutschen sind, müssten wir doch aus den seltsamen Behauptungen der Akademiker erkennen, daß uns hier ein Kriegsgrund aufgebunden wurde" (s. auch "Mann im Mond", (1997) S.31 ff, vom Verfasser).
Sicher nicht nur Akademiker, die an einem Feindbild mitstrickten. Das Priorat der Weisen von Zion über die

Eliten, die Welt und Völker bewegten, hatten andere inne. Nur sie wissen mit auserwählter Sicherheit, warum lange genug vor dem 1.Weltkrieg eine Allianz unter Einbeziehung Russlands, vor allem des Zaren, gegen Österreich und Deutschland konstruiert werden musste.

Gefühlsmässig und wahrscheinlich nicht zu unrecht geht Topper die Akademiker an, denn sie hätten viel früher schon aufdecken können, was gefälscht war. Oder lag den Hochgebildeten die Kunst des Täuschens näher, denn dazu bedurfte es vornehmlich des Intellektes, wenn auch eines verqueren? Der simplen Wahrheit den Vorzug geben, war Sache der Ungebildeten, der Bauern und Plebejer, der Germanen und Kelten. Mehr Farbe und die Würze des Humors fanden sich eher in der Welt der Lügen: Sie hat höheren Unterhaltungswert.

Erst im späten 9. und im 10. Jahrhundert traten laut Geschichtsschreibung die Slawen in Erscheinung. Jedenfalls ist vor den christlichen Missionaren Method und Kyrill von "Slawen" im Sinne der Historie noch nicht die Rede gewesen. Vergleiche unter byzantinischen und slawischen Schriften lassen ebenfalls eine Lücke von 300 Jahren erkennen.

Im 9. Jahrhundert tauchen lateinische und arabische Texte im Osten an den Flussläufen die >Rus< auf, nach 900 allgemein Rugii, (Mehrzahl von Rus) genannt.

Im 10. Jahrhundert werden die Rugier als Slawen bezeichnet; wann aber der Sprachwechsel vom Gotischen zum Slawischen erfolgte, ist noch ungeklärt. Wahrscheinlich eine arbeitsintensive Dauerleistung, die einige Jahrzehnte in Anspruch nahm. Es setzte zudem gut organisierte klösterliche Schriftgelehrte voraus - und fleißige Mönche. Das Übrige bewirkte die Macht des Glaubens.

Glauben bedeutet zuerst >nicht-wissen-wollen<, schliesslich >nicht wissen dürfen<. Ein Glaube, der sich himmelragender Kathedralen rühmen darf, steht dennoch auf tönernen Füssen, bietet keine Gewähr für Vertrauen in Gottes Kundgaben.

Uwe Topper: "Da Archäologen mit fortlaufenden Stratigraphien arbeiten, mussten sie die leere Zeit mit Funden anfüllen, die damit als "Vorläufer" der Slawenkultur bezeichnet werden."

Indogermanisten sahen in den Slawen ein verachtetes, aber ungemein tapferes Volk in den Pripjet-Sümpfen, das sich auf Kosten seiner Nachbarn auszubreiten verstand. Diese Auffassung ist selbst von den "modernen" Russen bereitwillig übernommen worden. Verachtet also diese Slawen - auf wessen Betreiben?

Laut Historiker Friedrich (1992) sei mit den Begriffen Rasse oder Volk sparsam und abgegrenzt umzugehen; sie sind nur literarische Kunstprodukte, die je nach Absicht und Ideologie verwendet würden.

Wenn das so einfach ist? Erfüllen nicht alle Arten, nicht nur die von Pflanzen und Tieren, eine achtens- und erhaltenswerte Rolle in der Schöpfung?

Kyrill, dem Missionar und Gelehrten ist es gelungen, eine Kunstsprache zu entwickeln, die Germanen in Ost, von denen in West zu unterscheiden und schliesslich zu trennen vermochte. Wie bis in unsere Zeit:

Wissenschaftler entwickeln und schaffen aus Neugier ohne sich viel um die Aus- und Nebenwirkungen zu sorgen. Seine, Kyrills Leistung, bauten die Kirchenfürsten in weiser Voraussicht zu ihrem und dem Wohle der Kirche in christliche Richtlinien ein.

Mit der nach ihm benannten kyrillischen Schrift für die Orthodoxen, die Kopten, ist eine geradezu geniale Leistung im Sinne des Herrschens durch Teilen entstanden!

Mit wahrhaft akademischer Raffinesse und Gesinnungsgenossen bereitete er eher unbewusst, den Weg in die Zukunft des Intellektes im Kaliyuga, in das Zeitalter des Eisens, der Täuschung und des absoluten Materialismus.

Zuvor, vor Kyrill, gab es keine "slawische" Sprache. In Anlehnung an die babylonische Sprachverwirrung eine für einen christlichen Gelehrten logisch erscheinende Fortsetzung des Alten Testaments, das ja lange genug auf dem Index stand; für die Mehrzahl der Gläubigen war die Einsicht aus erkennbaren Gründen verwehrt.

Kyrill und seinen wissenschaftlichen Mitarbeitern ist eine intellektuelle Höchstleistung geglückt.

Etwa Mitte des 12. Jahrhunderts, gefiel es dem Erzbischof Adalberto von Bremen einen Nebenkreuzzug gegen "heidnische Slawen" zu organisieren, denn die sächsischen Fürsten kämpften, wie es heißt, lieber gegen die Anrainer vor der Haustür als gegen die fernen Sarazenen im Heiligen Land. Wie unter Gog und Magog. Bernhard von Clairvaux sicherte ihnen den üblichen Ablass zu, wenn nur die Slawen rücksichtslos genug christianisiert würden.

Mit Vorpommern gerieten so Gebiete ins Visier, die ängst christianisiert waren (s. Heribert Illig, S. 386).

Die Erfahrung aus diesem "Erfolg" mit den "Slawen" prägte die Geschichtsschreibung in den folgenden Jahrhunderten. Zur Entlastung der Propheten: Es wehten keine günstigen Winde, die ihnen zugetragen hätten, was in Archiven des Vatikans und sonstwo verborgen blieb.

Die Künder von Unheil und zukünftigen Ereignissen waren in jener Zeit meist unschuldige Analphabeten. Verwunderlich ist es allemal wie ausgerechnet bei den für die Menschheit so entscheidenden Geschehnissen, den Propheten die Sicht in die Zukunft genommen schien.

Ebenso wenig waren sie in Kenntnis gesetzt worden von Vergehen gegen das Völkerrecht, begangen im Sowjetimperium und schon gar nicht über die in Gefangenenlagern zu Tode gebrachten deutschen Soldaten. Dem Hungertod preisgegeben waren auch Millionen von Russen vor und nach dem "großen vaterländischen Krieg".

In der Bombardierung deutscher Städte kamen über eine Million Frauen und Kinder ums Leben, die nur einen Sinn haben konnte: Ausrottung möglichst vieler Angehöriger "germanischer Rassen" - militärisch gesehen waren die Bomben auf die Zivilbevölkerung sinnlos. Es widerspricht natürlich aller >political correctness< darüber ein Wort zu verlieren.

Alllein die Erwähnung lediglich statistischer Fakten, bringt den nach dem Krieg gegründeten Antifaschismus in arge Verlegenheit: Er hat 100 Millionen Mordopfer zu verantworten und das mit global gutgeheissener höherer Moral.

Nach vorsichtigen Schätzungen kamen nach dem Krieg in alliierten Lagern 3,2 Millionen deutsche Kriegsgefangene ums Leben; da half kein Völkerrecht und keine Genfer Konvention. Gott oder sein Stellvertreter glänzte durch Abwesenheit. Umso anwesender die "Auserwählten", die sich nicht mehr die Mühe machen mussten, Rechtfertigungen für den Genozid aufzubieten. Sie drehten nach Belieben den Spiess gegen die Besiegten. Denen untersagte man die Freiheit, darüber zu klagen.

Bei der Vertreibung aus ihrer deutschen Heimat sind nach 1945 weitere 3,7 Millionen Frauen, Kinder und Greise erst von Besitz und schliesslich vom Leben befreit worden.

Einen gerüttelten Anteil an der Brutalität mit der die Russen über die Besiegten herfielen, kommt dem in der Bundesrepublik als Humanisten und in aller Welt gepriesenen "Propagandisten", dem Mordhetzer aus innerem Antrieb, Ilja Ehrenburg, zu. Beileibe kein Russe, wie der Name besagt.

Er rief die russischen Soldaten in ein- und aufpeitschender Sprache dazu auf, jede deutsche Frau, jedes Mädchen bis zum Tode zu vergewaltigen. "Schont nicht die blonden Bestien und deren Leibesfrucht"! "Wenn du nicht im Laufe eines Tages wenigstens einen Deutschen getötet hast, so ist es für dich ein verlorener Tag gewesen"; nachzulesen in seinem Werk "Wojna", erschienen in Moskau 1943.

Normalerweise verachtet alle Welt einen Sadisten dieser Prägung - aber gegen die Deutschen im allgemeinen und gegen die Germanen im besonderen - oder was man dafür hält, war jedes Mittel, jeder Psychopat und Schreibtischtäter recht.

Das Schönste für ihn und die Seinen waren zerstückelte deutsche Leichen, von denen er "gar nicht genug sehen" konnte.

Laut Statistik starben im 2.Weltkrieg über 11 Millionen Deutsche, davon über 7 Millionen nach dem Krieg! Die Verluste der Russen an Menschenleben im selben Zeitraum: Über 20 Millionen!

Zur Einführung der Kolchosen in den 20er Jahren ist vor allem den widerspenstigen Ukrainern übel mitgespielt worden: Viele Millionen Menschen sind verhungert, nachdem ihnen die Vollstrecker des Sowjetparadieses die Ernte wegnahmen oder verbrannten. Dazu kam die Liquidierung derjenigen, die nach Auffassung der kommunistischen Partei zuviel wussten, nicht einmal die Brillenträger waren ihres Lebens sicher. Die Ausrottung der Intelligenz sollte langfristig zu einer knetbareren Masse auf niedrigem Niveau führen. Diese Rechnung ging nicht auf, kluge und gebildete Menschen brachte das Volk erneut hervor. Zum Leidwesen von Obertanen und Bruderschaften. Wie die jüdische Publizistin Jewgenija Albaz in ihrem Buch "Geheimimperium KGB" mitteilt, hat der sowjetische Geheimdienst im Laufe von 70 Jahren >66< Millionen Landsleute getötet. Warum auch hier das kabbalistische Zahlenmirakel?

Nach der Machtübernahme der Bolschewiki "ertrank Russland buchstäblich im eigenen Blut". Was sie als Jüdin besonders berührte: "Warum gab es unter den Führern der Geheimdienste so viele Juden? Ich habe qualvoll darüber nachgedacht".

Dass bei den Zaren ein nicht geringer Anteil an Ministern jüdischer Herkunft war wie auch bei den Kommunisten (Lenin, Marx, Engels, Liebknecht, Trotzki und viele andere) die Anführer und schliesslich die berüchtigten Kommissare zum "Antreiben" der eigenen Frontsoldaten meist Juden waren, ist uns erst nach dem Krieg bekannt geworden. Allein das Nachdenken über die Zeit der Schlachten, wirkt erhellend und darf als Positivum gewertet werden.

Seitens der Alliierten schien es geboten, den 1945 Besiegten durch Schuldzuweisungen bis hin zur rassisch bedingten Erbsünde das Maul zu stopfen. Mit gönnerhaftem Großmut wurde von der Kollektivschuld zur Kollektivscham, zur kollektiven Verantwortung übergegangen.

Die kanalisierte Leistungsfähigkeit dieser verdammten Deutschen galt es letztendlich zu erhalten - man lebt ja nicht schlecht davon. Unergründlich bleibt dennoch, wie dieses, ach so böse Volk, immer wieder aus den Niederungen emporsteigen konnte.

Wer denkt schon darüber nach, wie Hitler und seine Mannschaft auf die in der britischen "Daily Express" vom Freitag, den 24. März 1933, auf der Titelseite veröffentlichten Kriegserklärung gegen Deutschland ("Judea Declares War On Germany") reagiert haben musste?

Da wird von dem erwarteten Antisemitismus, dem Terror gegen die 600.000, in Worten sechshunderttausend (!?) in Deutschland lebenden Juden und vom Zorn der Judenheit weltweit gewettert und zum Boykott aufgerufen. Ein "Heiliger Krieg" gegen Deutschland wird darin gefordert. Nicht gegen Hitler!

Warum nur ist von der sonst so tüchtigen Nazi-Propaganda diese Kriegserklärung nicht erwähnt worden? Man hat sie, soviel mir bekannt, nicht ausgeschlachtet.

Mir ist die aufschlussreiche Titelseite erst vor kurzem zugesteckt worden.

Vor allem erstaunt, warum kein Verantwortlicher, kein Minister und kein Abgeordneter diese Kriegserklärung im Jahre 1933, zur Entlastung des deutschen Volkes nach der totalen Niederlage 1945 heranziehen mochte, "um Schaden vom Volke abzuwenden".

Soweit bekannt, handelte es sich bei den genannten 600.000 jüdischen Mitbürgern um die meist ausgewiesenen, ihrer Posten in Deutschland enthobenen Semiten.

Ist da für die Zahlen des >Holocaust<, der angkündigten Brandopfer wieder einmal eine kaballistische 666 im politisch so interessanten "Spiel" eingebracht worden?

In ein "Spiel", das die Rückeroberung Israels, des gelobten Landes, rechtfertigen soll. Ob das Jahwe letztendlich nicht übelnimmt, weil auch er überlistet, sich von seinem Volk schliesslich abwenden könnte?

Meine bescheidene Erkenntnis: Keine beschwichtigende, "diplomatische" Sprache, wann immer es um

die Wahrheit geht. Ohne falsche Rücksicht auf die besonderen Verhältnisse, die, weiss der Teufel von
wem, diktiert werden. Keineswegs zu unserem Wohlergehen oder zur Förderung höherer Moral.

Prediger/Kohelet 12,1: Denk an deinen Schöpfer in
der Jugend, ehe die bösen Tage kommen und die
Jahre sich nahen, da du wirst sagen: "Sie gefallen mir
nicht".

Mit kaum verhohlener Genugtuung vermerken die
Lenker der Geschicke, die meinen, sie agierten immer
noch aus dem Verborgenen: In Österreich bekennen
sich nur noch 3 von Hundert in der Bevölkerung offen
zum deutschen Volkstum. Sieht aus wie ein glatter
Sieg der globalen Wundertäter, die sechs Millionen
Deutsche aus Österreich verschwinden liessen. Die
Zeitbombe liegt bei >offen<; mit mehr oder weniger
Druck ist diese vermeintliche Umwandlung in Undeut-
sche zustande gekommen. Fällt die Propaganda weg,
geraten die Hintermänner in das zu erwartende
Kreuzverhör, bricht das Kartenhaus der sich erfolg-
reich wähnenden Entdeutscher zusammen.
Hier wird ein Paradebeispiel geboten, das verdeut-
licht, mit welch einfachen Mitteln auch in der Vergangenheit aus Ostgoten und anderen keltisch-
germanischen Völkern "Slawen" geworden sind, die
man dann unschwer als "Feinde" zur gegenseitigen
Vernichtung antreten lassen konnte.
Als intelligente Führung der Menschheit verkauften
die jeweiligen Herrscher diese Verdrehungskünste "ihren Völkern", liessen sich feiern und in die Annalen
der Geschichte eintragen.
Was bislang als Chuzpe, als Ausdruck von Größe
hingenommen, die Lämmer zum ehrfürchtigen Blöken
veranlasste, zählt nicht mehr im gewünschten Aus-
maß. Die führenden Kräfte werteten das bloße Ein-

geständinis zu deutscher Volkszugehörigkeit als Wunsch zur Vereinigung mit Deutschland oder gar als Bekenntnis zu Hitler.

Damit gingen sie zu weit:

Der Österreicher Gerd Honsik zeigte diese Art der Verfolgung bei der UNO als "Genozid am deutschen Volk in Österreich" an, die seit 1945 von diversen Verbotsgesetzen ausgeht. In einem offenen Brief an Generalsekretär Kofi Annan, weist Honsik darauf hin, dass der Wunsch der Österreicher für den Anschluss an Deutschland, lange vor Hitler schon bestanden hat - und zwar von einer überwältigenden Mehrheit, also zutiefst demokratisch wäre. Laut verbrieftem Völkerrecht, darf niemand wegen seiner Volkszugehörigkeit diskriminiert werden.

Derselbe Honsik also, der 1992 schuldig gesprochen wurde, weil er die "Erschiessung des polnischen Offizierskorps durch die Deutschen in Katyn geleugnet" hat. Noch 1946 verurteilte der internationale Gerichtshof in Nürnberg, deutsche Soldaten, die an der Ermordung von über 10.000 polnischen Offizieren bei Katyn beteiligt gewesen sein sollen. Seit nun offiziell bekannt ist, dass sowjetische Kommandeure das Massaker von Katyn zu verantworten haben, sind die Opferzahlen auf viertausend polnische Offiziere geschrumpft.

Honsik bleibt dennoch verurteilt und muss im Ausland leben. "Offenkundig" genügt, um Deutsche abzuurteilen, eine Schuldzuweisung die nur für Angehörige dieses Volkes gilt. Ein Sonderrecht, das fortwährend neuer Lügen und ausgefeilter "Rechtsmittel" bedarf.

Kaiser Karl, die christliche Heldengestalt

1.Könige, 38-40: "Da gingen hinab der Priester Zadok und der Prophet Nathan und Benaja, der Sohn Jojadas, und die Kreter und Pleter und setzten Salomo auf das Maultier des Königs David und führten ihn zum Gihon. Und der Priester Zadok nahm das Ölhorn aus dem Zelt und salbte Salomo. Und sie bliesen die Posaunen und alles Volk rief: Es lebe der König Salomo! Und alles Volk zog wieder herauf hinter ihm her, und das Volk blies mit Flöten und war sehr fröhlich, so daß die Erde von ihrem Geschrei erbebte".

Mahatma Gandhi: Was mit Gewalt erlangt wird, kann nur mit Gewalt bewahrt werden.

Ist das Phänomen Weltuntergangsstimmung eine zeitgemäße Erscheinungsform der Angst wie sie nicht nur die Christenheit zu pflegen verstand?
Furcht vor der Strafe eines immerfort beleidigungsbereiten Gottes Jahweh, zuständig für das Auserwählte Volk, ein Stammesgott eben, hatte ja auch ihr Gutes für weltliche und andere Potentaten: Es macht die Menschen gefügig, bußfertig und zahlungsbereit.
Durchaus nichts Neues also.
Hat die Bibel wirklich recht, dann lag dem Alttestamentarischen nichts näher als seine armseligen Geschöpfe immerfort zu quälen, eingeschlossen mitunter das eigene Volk. Er durfte die Heiden (die Bewohner ausserhalb des Volkes Israel), die ihn nicht kannten, gebrauchen für den Lustgewinn, verstoßen, lieben und vernichten.

Zur Bekehrung freigegebene Heiden sind einer Lehre aufgesessen, die nicht nur sie ins Verderben führen sollte. Wo und wann immer der Begriff "Heiden" Verwendung findet, verbinden wir ihn pflichtgemäss mit einfältigen Ahnen aus grauer Vorzeit.
Wir sehen sie mit der Keule durch die Wälder streifen, stumpfsinnig und ohne jede Ahnung von einem lieben christlichen Gott. Sie hingen Naturgottheiten an, weil

sie von der Natur und in derselben lebten. Dass sie zur Erlösung fällig seien, war ihnen nicht bewusst; sie bedurften dringend der Missionierung.

Diese Heiden waren ausgezeichnete Beobachter ihrer Umwelt bis hinein in die Welt der Sterne, Monden und Planeten (s. Stonehenge in Südengland, die Externsteine in Norddeutschland, in indianischen Kulturen, in China und in den Pyramiden Ägyptens und unzählige ähnliche Monumente).

Sie sorgten für ihre Familien und ihren Stamm, aber ohne jegliches Wissen um die Nächstenliebe der Christenheit, die da auf sie zukommen sollte; wie wir heute wissen, mit immer noch unvorstellbaren Konsequenzen.

Keinerlei Instanzen prüften ihren Götterglauben, ihre Weltanschauung; man konnte es mit den höheren Wesen halten wie er oder sie es für richtig hielt.

Sie kamen nie auf den Gedanken die Gläubigkeit ihrer Zeitgenossen prüfen zu müssen. In ihrem Verständnis von Recht brauchte man die Welt der Götter nicht.

Sitte und Anstand waren bei diesen Ungläubigen an kein Dogma, an keine Religion gebunden: Wer sich im Zusammenleben etwas zuschulden kommen liess, musste sich vor der Gemeinschaft verantworten, nicht vor religiösen Einrichtungen.

Weder die Germanen, Kelten, Griechen und Römer und sonstige Heiden wollten Andersgläubige missionieren.

Von griechischen, römischen und sumerischen Gottheiten ist uns wesentlich mehr überliefert worden als von denen der Germanen, "Slawen" und Kelten, was so zufällig nicht sein kann.

Der auffallende Mangel an Wissen über unsere heidnischen Vorfahren, "verdanken" wir christlichen Wissenschaftlern, die uns einen grossen Karl samt Nachfolgern bescherten, die laut abgesegneter Geschichtsschreibung rücksichtslos vernichten liessen, was an heidnische Zeiten und Symbole erinnern mochte.

Die Verbreiter der christlichen Lehre gingen gründlich zu Werke bei der Zerstörung von Kultstätten und Schriften, auf dass keine Reste bleiben sollten. Nicht nur die Sachsen, die da in einem Hinterhalt (Einladung zu einem Thing) erbarmungslos im Namen des Erlösers niedergemacht wurden.

Allein schon aus diesem Grunde brauchte man den christlichen Helden und Vollstrecker Karl, mit dessen berserkerhaft dargestellten Auftritten Angst zu verbreiten war.

Mangels Nachrichtentechnik blieben den jeweils zu bekehrenden Nachbarstämmen die Brutalitäten der Missionierung verborgen. Ahnungslos liefen sie in dieselben Messer und Fallen.

Nach dem Alten Testament ist Heide, wer nicht zum Volk Israel gehört. Weil diese Heiden den wahren Gott Jahwe nicht kennen, dürfen sie verfolgt und ausgerottet werden (s.Kanaaniter). Jede Verbindung mit Heiden (Ehe) und die Pflege ihres Brauchtums sind nach ihrer reinen Lehre nicht gestattet.

Predigte Jesus nicht auch das Reich Gottes für die Heiden? Eine Heilslehre gültig für alle Menschen - auch für jene im Extraterrestrium?

Bereits im Jahre 666, das wegen seiner kabbalistischen Qualität besonders anfällig schien, predigten frühchristliche Missionare die endgültige, schreckliche Auseinandersetzung zwischen Gut und Böse im angedrohten Harmageddon Verstanden wird darunter nach Offenbarung 16:16, die Schwelle einer >Neuen Verwandlung<, ein Triumph über die politischen, wirtschaftlichen und religiösen >Spiele< auf der Erde und anderen Planeten, gespielt mitunter von sterbenden ausserirdischen Zivilisationen?

Die Gläubigen sollten damals auf Erden Buße tun und sich kasteien, auf daß ihre Seelen gerettet würden. Noch vor dem Untergang der Welt, der, wie wir wissen, nicht stattfand.

Das Jahr 666, auch damals ein "Jahr des Tieres", soll wiederum im Jahre 2000 passende Katastrophen über die Erde ausgießen, damit die Gojim-Welt, dem erwarteten Messias zum endgültigen Dienen dargebracht werden kann.
Fehlt immer noch die globale Unterwerfung, das alles klarstellende Harmageddon, das den Weg für die Günstlinge der vergangenen Jahrhunderte, für den absoluten Materialismus, endgültig freimachen würde.
Über Stolpersteine, die längst hinter uns liegen, sollen wir erneut fallen?

Vergesslichkeit und Mangel an geschriebener Information - was hätte das unter Analphabeten schon bewirken können? - machten im ebenfalls magischen Jahr 1.000 eine Neuauflage der Apokalypse möglich.
Diesmal drängten die Verkünder unumstösslicher Wahrheiten ihre verängstigten Schäflein in Kirchen, Kapellen und vor allem zu Feldkreuzen, wo sie Bestrafung meist an sich selbst vornehmen sollten. Mit Ruten, Stricken und Ketten geißelten sich die Bußfertigen, damit sie gereinigt, das Jüngste Gericht als Gute erfahren und eingehen durften in das Himmelreich.

Zuvor trieben die Gläubigen ihr Vieh auf die Weiden. Es sollte in der Zeit der Finsternis und argen Bedrängnis sich selbst versorgen können.
Vorsorge, diktiert aus dem Bauch heraus, sicherte das Überleben.

In jenen Tagen verbreitete sich die eigentlich angenehme Nachricht vom nicht eingetroffenen Weltuntergang, wenn auch im Schneckentempo, zu den noch heidnischen Germanen, Kelten und anderen Unbotmäßigen.

Ihr Gelächter über die christlichen Unheilskünder drang nach Rom, Byzanz und Konstantinopel, was einige Betroffenheit auf Heiligen Stühlen auslösen musste.

Soweit in groben Zügen das Umfeld einer Gründerepoche, in der die Zeitfälschung eingefädelt werden konnte.

Dazu gehört nicht zuletzt die Erfahrung in der Zeitenwende mit Herman, dem Cheruskerfürsten, bekannt unter >Arminius< bei den Römern, denen er mit seinem Bruder Flavius in jener Zeit zu Diensten war. Zurückgekehrt zu seinem Volk im Teutoburger Wald, widerte ihn die Willkür der römischen Besatzer an. In ihrem Hochmut wähnten die Römer ihre besiegten Germanen für endgültig angepasst und unterworfen.

Herman führte die Seinen behutsam an, nutzte die als römischer Militärtribun gewonnenen Kenntnisse über die bessere militärische Organisation, verzichtet auf schnellen Erfolg.

Er wusste, ein einfacher Sieg würde nicht genügen, um das Joch abzuschütteln. Zur rechten Zeit schlug er zu und vernichtete das von Varus geführte Heer der Römer. Mit diesem Befreiungsakt war Herman, der Cheruskerfüst zufrieden; er stiess nicht nach wie das in Rom befürchtet wurde.

Nach Rache sinnend, die nationale Schmach zu tilgen, die der Weltmacht Rom angetan war, verkannten die Feldherren Germanicus und Tiberius die wirkliche Stärke der germanischen Völker, wenn sie vereinigt auftraten. In einigen Feldzügen mit bis zu 100.000 Mann gelangen ihnen zwar Siege, aber kein durchgreifender Erfolg mehr. In Rom frenetisch gefeiert, dämmerte dem Germanicus, dass er die Vereinigung der Germanen herbeiführte und an eine Niederwerfung der Bekriegten nicht mehr zu denken war.

In der uns bekannten Geschichtsschreibung fehlte den Nordvölkern der Feind, und siehe, sie bekämpften sich gegenseitig, passend zu dem bewährten Muster nach Gog und Magog.

Aus all diesen für sie abträglichen Erfahrungen heraus, ersannen und erfanden im Laufe der nächsten Jahrzehnte gelehrte Bischöfe, Missionare und Mönche schwertschwingende germanische Helden, mit denen man die Lacher und Störrischen beeindrucken konnte. Es mag eine Art intellektuelle Herausforderung gewesen sein, die tumben Heiden gerade jetzt staunen, ja erschauern zu lassen.

So kam es denn, daß da ein Karl der Große samt Vor- und Nachfahren, inklusive Kaiserkrönung und vorangegangener siegreicher Schlachten, geschaffen wurde (s. Zeitrekonstruktion von Uwe Topper und Illig).

Ein christlicher Held ward geboren.

Er harrte nur noch der zeitlichen Einordnung.

Der Schöpfungsvorgang von besonderer missionarischer Art nahm seinen Weg in die Geschichte. Schließlich gab es außerhalb der Kirchen und Klöster kaum jemanden, der des Lesens und Schreibens kundig gewesen wäre. Professionelle Nachprüfung war nicht zu fürchten. So konnte den Unwissenden gelehrt werden, dass Karl, dem Grossen, himmlische Kräfte im Kampf gegen die Franken zuteil wurden, was besonders beeindrucken musste, denn ihr Wotan hätte das nicht getan.

Das alles und die eingeschobenen 297 Jahre zur Erhellung des "finsteren Mittelalters", ist heutzutage im Internet manifest und somit fast für jedermann einsehbar.

Um Wissen vom Volke, dem gewöhnlichen, fernzuhalten war jedes Mittel recht, bis hin zum Verbot, das ja auch das Alte Testament traf. Darin ist so ziemlich alles, weit genug von christlicher oder moderner Ethik entfernt. Von vielen gelesen, haben den eigentlichen Inhalt die wenigsten wahrgenommen. In den Köpfen haften blieb der stets zu Rache und Strafe bereite "liebe Gott", der Jahwe, der Huldigung anmahnt und allzeit gefürchtet werden will. Zu wessen Nutz und Fromm?

Im Jahre 1260 verkündete die Heilige Kirche einen weiteren Weltuntergang - diesmal jedoch mit Absicht genutzt. In dessen Dunstkreis gerieten die Templer, auch Tempelritter genannt, unter die Räder der Inquisition. Aber erst nachdem sie genügend Dreckarbeit für eben diese Kirche vollbracht hatten.

Am 18. März 1314 verurteilte das Heilige Konzilium unter Vorsitz von Philipe de Marigny, den Obersten des Templer-Ordens, Jacobo de Molay und den mitangeklagten Meister der Normandie, namens Charnay zu lebenslangem schwerem Kerker.
Begründung nach dem "Geständnis" von Ordensbrüdern, die tagelanger Folter unterzogen wurden: Sie, die Templer, verleugnen Jesus, spuckten auf Kruzifixe, die sie in Zeremonien mit Urin besudelten, verehrten abgeschworenen Götzen, glaubten nicht an die Heiligen Sakramente, huldigten obszönen Praktiken, versammelten sich nachtens in düsteren Gemäuern und erdreisteten sich, die katholische Kirche reformieren zu wollen.
Frankreichs König und das ihm zugetane Kardinalskollegieum wollten klare Verhältnisse und verbrannte die beiden Templer am Morgen des nächsten Tages auf einer abgelegenen Insel.

Zuvor, nach dem Urteil, prophezeite Molay den Tod von Papst Clemens V. und von König Philip dem Schönen noch vor Ablauf des Jahres. Der Papst verstarb am 20. April und der König am 29. Dezember 1314. Molay muss überzeugt gewesen sein, dass er aus dem Jenseits die Drohung verwirklichen oder wenigstens dazu beitragen konnte. Brave Historiker mögen darin reinen Zufall walten sehen.

Überliefert ist ferner das Sterben des Jacobo de Molay, der in den Flammen Gott dankte und keine Schmerzenslaute von sich gab, was als typisch für eine Ketzerseele protokolliert wurde.

Der "Heilige Stuhl", Sitz des Unfehlbaren, leistete sich die rigorose Trennung der angeblichen Ketzer von den Guten und schliesslich deren Aburteilung; er fand Gefallen an dem sagenhaften Vermögen und wundersamen Schätzen, die die streitbaren Ritter angehäuft hatten oder haben sollten. Sie wurden enteignet, verbrannt, geköpft und die Reste verjagt.

In Portugal durften die überlebenden Templer weiter tapfer sein - gegen die dort noch weilenden Muslime.

Vermutet wird eine Weiterführung des Ordens der Templer, unter meist unbekannten Geheimbünden keltisch-germanischen Ursprungs; die mögliche, sicher befürchtete Rache gegen die Kirche und mitschuldigen Könige und Richter läuft im Anderswo und verborgen im Untergrund. Nicht auszuschliessen: Alle, die Schuld auf sich geladen oder nach kosmischen Gesetzen Fehler begingen, müssen, oder besser - dürfen in neuen Wiederverkörperungen, abtragen, was sie anderen Leben zufügten.

Sie müssen lernen, ihr Dasein ohne Missbrauch von Mitgeschöpfen durchzustehen, darüber hinaus Glück und Freude in Eigenverantwortung zu finden.

Von einem Hafen in der Normandie sollen überlebende Templer in mehreren Schiffen ihre Schätze nach Indien zu Freunden in Sicherheit gebracht haben. Das Wertvollste: Die Bundeslade und der Heilige Gral - in Zusammenarbeit mit den Katharern ausgelagert und gerettet. Beide Schätze sollen mit sagenhaften kosmischen Energieanlagen zu tun haben.

Eine unangenehme Überraschung erwarten alle, die sich am Unrecht beteiligten. Es sind nicht wenige, die darum wissen. Diesseits und Jenseits.

Denkbar: Die Templer fanden keinen Gefallen an der Zeitfälschung samt herausgearbeiteter Heldengestalten und zogen sich den Zorn der Kirchenväter zu. Schliesslich sahen sie, die Ritter, sich selbst als die wahren Streiter für Gott und eine bessere Welt. Hat man die, zumindest anfänglich noch als edel geltenden Recken, von dem "geheimen Wissen" der Zeitkonstruktion fernhalten wollen?

Die Weisen von Zion spielten keine geringe Rolle weder damals, noch heute.
Zu den Grossmeistern dieser in Europa einflussreichen Geheimgesellschaft gehören so berühmte Persönlichkeiten wie Leonardo da Vinci und Jean Cocteau. Zeitweilig in die Harmlosigkeit verwiesen, stellte sich 1991, bei Nachforschungen in Turin heraus, dass die Organisation lebt und sich der Kirche wie auch des Staates zu bedienen weiss.
Sie ist bekannt unter El Priorato de Sion, der Orden von Zion und la Orden de Nuestra Senora de Sion; sie lässt sich zurückführen auf die Gründung im Jahre 1099, während des ersten Kreuzzuges. Eine Zeit also, in der eifrig an der Einschiebung von 297 Jahren gearbeitet wurde.

In jenen Tagen gehörten vermutich die Templer ebenfalls zu diesem Orden, geführt   vom selben Gross-
meister.

Es müssen sich aber Unstimmigkeiten ergeben haben, die zu einem Bruch führten.

Ab 1188 trennten sich die Templer von den Weisen
von Zion.

Herausragende Persönlichkeiten wie Isaac Newton,
Boticelli, Robert Fludd, standen der Gesellschaft vor
und natürlich Leonardo da Vinci, der die letzten neun
Jahre seines Lebens Vorsitzender der Weisen gewesen sein soll.

Zu den neueren Führungspersönlichkeiten zählen Vic-
tor Hugo, Claude Debussy und als zweitrangige Nachfolger die heilige Johanna, Nostradamus und Papst
Johannes XXIII. Generationen Adliger wie der
d`Anjou, der Habsburger, die Sinclairs und die Mont-
gomeries folgten dem Priorat.

Ein interessantes Zitat aus dem im Jahre 1901 in
Russland entdeckten Manuskript der berühmten Pro-
tokolle der Weisen von Zion:

"Um Machthungrige (bei den Gojim, den Nichtjuden)
zu einem Missbrauch der Macht zu veranlassen, haben wir alle Kräfte in Gegnerschaft zueinander gebracht, indem wir ihre liberalen Tendenzen in Unab-
hängigkeit auflösten. Zu diesem Zweck haben wir allerlei Bestrebungen angeregt, alle Parteien bewaffnet,
die Autorität als Schiessscheibe für jeden Ehrgeiz
aufgestellt. Aus den Staaten haben wir Arenen gemacht, wo ein Heer Verwirrter streitend durcheinan-
derquirlt. Noch ein wenig mehr, und Unordnung und
Bankrott sind allgemein" (Fortsetzung nach "Gog und
Magog")

Wirklich eine intelligente Bühne, auf der man die ver-
blödeten Völker gegeneinander antreten lässt. Wie
gehabt.

An anderer Stelle empfehlen die Weisen den Sozialisten, den Anarchisten und Kommunisten Anschluss zu

suchen bei den wohltätigen Gesellschaften, gemäss der behaupteten Brüderlichkeit in der allzeit sozialen Freimaurerei und ihrer Zubringer.

Ganz so weise voraussehend scheinen die Brüder von Zion doch nicht gewesen zu sein, denn einiges lief nicht in ihrem Sinne. Auf dem Gebiet der alles beherrschenden Medienlandschaft, scheinen sie von Bill Gates, der Software und dem Internet gewollt oder ungewollt, ausgehebelt worden zu sein. Andere Geheimbünde sind nicht mehr geneigt, bedingungslos an ihrer Seite zu agieren. Eine wachsende Mehrheit, die sich auf höhere Ebenen der Erkenntnis bewegt und machtbesessenen Herrscher zunehmend überdrüssig wird.

Darüberhinaus haben die Schlauberger in vielen Bereichen "ihr Konto überzogen", auch wenn sie materiell abgesichert, scheinbar im Geld schwimmen konnten. Zuviel "Insider"-Informationen sind über sie in Umlauf. Nicht einmal ihre vielen schönen Verknüpfungen vermitteln zukünftige Sicherheit, noch können sie ungestraft atomare und andere Massenvernichtungs-Waffen zu ihrem Schutz oder zu ihrer grösseren Ehre und Verherrlichung einsetzen lassen.

Die Macher selbst, machten sich selbstverständlich die Hände nie schmutzig.

Dafür standen ihnen Vasallen und Volksvertreter - im Sinne von "Volk treten", zur Verfügung. Geld und Schreibmedien waren ihr Monopol, worüber sie ohne Kontrolle Zugriff hatten.

Bei der Entwicklung einer Ausnahmegestalt wie der des Kaisers für das Heilige Römische Reich Deutscher Nation, sind zwangsläufig und vielerorts sichtbar, Fehler bei einem Heer von Fälschern unterlaufen. Umso erstaunlicher, dass nicht viel früher der Betrug entdeckt wurde. Ein Grund dafür liegt im Wissens-Monopol jener Zeit, aber auch in der hochtrabenden

Selbsteinschätzung von Akademikern, die auf "ihre" Fälschungen stolz sind, sie bewahren wollen.

Erst zwischen 1100 und 1300 gingen die Sagen über Karl in die deutschen, französischen und nordischen Epen ein. Es entstand eine fünfbändige Monographie über ihn, den "ersten Kaiser" unserer Geschichte. Unbekannt geblieben ist bis heute sein Geburtsort. Mehr als ein Dutzend Gemeinden beanspruchen diese Ehre. Alle von seinem Biographen Einhard gebotenen karolingischen Annalen, einschliesslich der "Vita Caroli Magni", verschweigen den Ort seiner Geburt wie auch das Jahr seiner Eheschliessung, das man zwischen 744 und 749 vermutet

Karls Geburtsjahre liegen zwischen 742 und 747, in der eingeschobenen Zeitspanne.

Verwiesen wird von den Gläubigen auf die zu Regensburg im Kaisersaal stattgefundenen Reichstage, vor allem auf die Hilfe, die ihm durch Gott persönlich zuteil wurde als er für die Christen und gegen die unbelehrbaren Heiden kämpfte. "Vorbildlich": Karl liess vor allem Germanen durch Germanen besiegen.

Seine Autoren liessen ihn stets siegreich Europa von der Elbe bis Spanien, von Boulogne bis Capua, von der Rhone bis zur Raab, durchquerend wahrnehmen und ohne Rücksicht auf Verluste, christliche Kultur verbreiten. Zehntausende von Kilometern legte er zurück ohne Strassen und Schienenwege, ganz zu schweigen von Hubschraubern.

Erwähnenswert auch sein Alter von "66" Jahren.

Aus den "Reichsannalen" geht hervor, daß Karl zu bescheiden gewesen sei, um selbst nach der Krone zu greifen; so musste ihn der Papst zur Krönung im Jahre 800 überreden.

Anzunehmen, daß Charakterzüge wie Zurückhaltung und Edelmut den zu bekehrenden "Heiden" besonders gefallen mussten.

Eine "Hofberichterstattung" über den Großen ist gar im Brockhaus nachzulesen: "Karl gilt als eine der größten europäischen Herrscherpersönlichkeiten. Durch seine politische Konzeption (Verschmelzung antiken Erbes und germanischer Gedankenwelt) hat er die geschichtliche Entwicklung Europas maßgeblich mitbestimmt". Wo aber blieb "das Germanische"? Eine gekonnte Umschreibung für die mit allen Mitteln betriebene Zerstörung der germanischen Gedankenwelt. Der Fiktive habe das getan, wo immer er konnte. Ein Vollstrecker biblischer Gebote und christlicher Gläubigkeit sei er gewesen.

Mit Hilfe der "germanischen Heldengestalt", war es leichter geworden, jeden über den Jordan zu schicken, der sich dem Christentum widersetzte.

Vor allem mit dem nun zum Leben verholfenen Haudegen Karl, dem "Sachsenschlächter", der zu einer tapferen Sagengestalt mutierte und um alles in der Welt gefürchtet werden sollte.

Eine Kostprobe aus dem "Fränkischen Taufgelöbnis" jener Zeit:

"Entsagest du dem Teufel?" - "Ich entsage." "Und allem Teufelsdienst?" - "Ich entsage." "Und allen Teufelswerken?" - "Ich entsage allen Teufelswerken und Teufelsworten, dem Donar und Wotan und allen Unholden, die ihre Genossen sind."

Das allgemeine Verständnis der Germanen in Ost und West, wonach niemand sich rechtfertigen müsse für das, was er glaubt, war wohl das Hassenswerteste an diesen Heiden.

Eine geradezu edle, tolerante Einstellung, die man den "Wilden" um keinen Preis lassen konnte. Für die vom Bremer Erzbischof Gerhard im Namen des Papstes Gregor IX, zu Ketzern erklärten Stedinger, forderte

er im Zeichen des Kreuzes, deren Ausrottung. Der Wahlspruch dieser Stedinger:
"Das wäre die ärgste Tyrannei, wenn einer uns sagen wollte, was wir glauben sollen".
Noch heute spielt die "Rechtfertigung" eine große Rolle im christlichen Selbstverständnis.

Obwohl Analphabet, soll Karl als Theologe, Dogmatiker und Kämpfer gegen Irrlehren seinen Mann gestanden haben. Bei der Bekehrung der Sachsen legte er gar als Schlachtenlenker und Missionar persönlich Hand an. Als Debattenredner, Gelehrter und Kirchenrechtler habe er gewirkt. Ein wahres Allround-Genie - märchenhaft.
Für den aufgestellten Recken eine wahrlich unglaubliche Leistung, die bei germanischen Schreibunkundigen Hochachtung finden musste. Karl habe ja schliesslich als Analphabet seine Laufbahn begonnen.

Verständlich, wenn besonders die Deutschen ihren ersten Kaiser um jeden Preis behalten wollen. In unserer Gegenwart, in jüngerer Vergangenheit und weiter zurück, blieben uns nicht viele Große, die, sobald sie das Volk liebgewonnen hatte, nicht vom Sockel geholt worden wären.
Freunde, Verwandte und Bekannte, mit denen ich über die Fiktion des Karl sprach, wollten nicht wahrhaben, daß uns ausgerechnet der Kaiser der Deutschen und aller Europäer "madig gemacht", gar genommen werden soll.
Jetzt, da Vorbilder und Vaterfiguren laufend im Sumpf der Korruption versinken.

Erledigt scheint endlich "die Mär" von den aufrechten Deutschen - sie gehören nun zu den führenden korrupten Bevölkerungen der Erde; diese Deutschen sind kein achtenswertes Volk mehr. Womit ein Etappenziel abgehakt werden kann?

Nicht einmal mehr Karl der Große, an den man sich halten könnte? Noch scheint es als liebten die Deutschen allgemein ihre Verleumder, die zugleich ihre Zuchtmeister sein wollen. Wahrheit um jeden Preis?

Mit Johannes Kepler:

> "Heilig ist zwar Laktanz, der die Kugelgestalt der Erde leugnete, heilig Augustinus, der die Kugelgestalt zugab, aber die Antipoden leugnete, heilig ist das Offizium unserer Tage, das die Kleinheit der Erde zugibt, aber ihre Bewegung leugnet. Aber heiliger ist mir die Wahrheit."

Das Betrübliche daran ist, daß sie, die Wahrheit, selten zu befreiender Heiterkeit Anlass gibt, ja nicht einmal intellektuellem Anspruch genügt - zumindest auf den Gebieten der Geschichtsschreibung und der Politik.

Wenn auch mit ungläubigem Staunen:

Im niederbayerischen Kloster Metten, in das mich mein Freund und Kollege Werner mit seiner Gefährtin führte, thront dieser Karl der Große auf einer hohen Säule, errichtet im ausgehenden Mittelalter als "Dank für die Mithilfe zur Gründung" dieser ansehnlichen Bauwerke, wie der Text in einer Broschüre besagt.

Nach einem Hinweis im PEDA-Kunstführer Nr. 330/95 liegen über die Klostergründung keine urkundlichen Quellen vor; literarische Zeugnisse entstanden im 13. Jahrhundert und überliefern mehrere Legendenversionen. Eine davon erzählt von Karl dem Grossen, der im Walde einen Einsiedler traf, auf dessen Wunsch hin, das Kloster an dieser Stelle gebaut wurde. Allgegenwärtig war er, der Karl.

Immerhin eine Legende, die schön zu lesen ist.

Die "verschwiegenen Wege" Karls von Klostergründungen zu Abteien, Burgen und Schlössern, sind zahlreich wie seine zurückgelegten Kilometer; so nimmt es wunder, wann je der Grosse Zeit zum Lesen, zur Bildung oder gar zu zeitraubenden Schlachten finden konnte.

Zuversichtlich schritten wir in den Klosterhof zur Besichtigung; weil man hier sein Vertrauen zur bekannten Geschichtsschreibung, entgegen aller Unkenrufe, bestätigt finden wollte. Eine für die Geschichte der Deutschen, wie auch für Europa, so großartige Symbolgestalt, will man nicht leichtfertig abtun.

Da fand sich aber nirgendwo an der Säule oder am Sockel eine Inschrift, die von der großherzigen Tat des großen Karl zeugen konnte. Nicht einmal die Initialen des Kaisers waren vermerkt.

Namenlos das steinerne Mal - das musste doch einen Grund ausserhalb des sonst so üppig Mitgeteilten haben. Alles Grübeln half nicht: Dem damals verantwortlichen Abt mag das Ganze suspekt gewesen sein; er ließ die Lüge nicht in Steine hauen.

Eine eingemeißelte Inschrift allein wäre wohl auch kein Beweis für die Existenz des Kaisers gewesen.

Für Archäologen jedoch ein gültiges Indiz, wenn solche Angaben fehlen. Auf Steinen lässt sich nicht so leicht lügen wie auf Papier.

Der Held dieser strahlenden Geschichte scheint der Abt zu sein oder wer sonst verantwortlich zeichnet für die verweigerte Lüge im Denkmal!

Eine Persönlichkeit, die groß ist, weil sie die Wahrheit höher schätzte als Dogmen. Wahrscheinlich taucht dieser Verantwortliche allein schon aus diesem Grunde in keiner Kirchen- oder sonstigen Geschichte auf.

Also keine leichte Aufgabe, ihn zu finden.

Der Unbekannte aber gibt Zuversicht; er ist einer aus unserer Mitte, auf den wir stolz sein können.

In einer Welt, die von Opportunisten und Schleimern beherrscht scheint, wäre dieser Mann eines Denkmals würdig.

Im Inneren der Klosterkirche strahlt Karl, der immer noch Große, im güldenen Gewande.

Als einhundertste und letzte Jubiläumskirche zum "1250." Geburtstag Karls, liess der Berliner Kirchenbauverein (s. "Kulturdatenbank Region Trier"), auf dem Krongut der Villa Sarabodis, die bewundernswerte Erlöserkirche erbauen. In ihr eine mit Goldmosaiken reichlich geschmückte Kuppel, aus der Kaiser Karl in mystischer Einheit mit Christus und seinen himmlischen Heerscharen hervortritt.

Meine Freunde liessen mir weitere Schriften zukommen; darin wird von >Karl, dem Schwertarm< der Kirche gesprochen. In einem ersten "Concilium Germanicum" seien im Jahre 743 (?) Schwerpunkte christlicher Kulturarbeit dokumentiert. Es begann die Durchdringung der Ostgebiete Germaniens, in denen niemals zuvor Römer richtig Fuss gefasst hatten. In den "Sachsenkriegen" gelangte Karl mit seinen Truppen über die Elbe und "weithin zu den Slawen" in Böhmen und an die Ränder des byzantinischen Einflussbereichs.

Das Jahr 743 gehört in die "fundlose", in die eingeschobene Zeit; Karl ist offiziell am 2.4.747, geboren, Geburtsort nicht bekannt).

Eine Rechenaufgabe für die Astronomen und Astrologen: 2.164 Jahre währt die Umlaufzeit der Sternbilder über unserem Sonnensystem. Damit kämen wir Gegenwärtigen aus dem Zeichen der Fische in das des Wassermanns. In das Zeitalter der großen Umwälzungen. Daran wäre in etwa die Einschiebung von

300 Jahren nachprüfbar, die ja bereits von zwei Autoren (Topper und Illig) entdeckt und festgehalten worden ist.

Das "Platonische Weltenjahr" währt dagegen um die 26.000 Jahre; seit Ende Mai 1999, im Sternzeichen Stier, befinden wir uns in diesem Weltenjahr.

Vorsicht war in jenen Zeiten der allgemeinen Verfolgung geboten. Denn wer Verkündigtes, auch in Sachen Zeitrechnung, nicht glauben mochte, machte sich nicht nur verdächtig, sie oder er hatte die Inquisition zu fürchten, was oft genug öffentliche Verbrennung auf Scheiterhaufen zur Folge hatte.

Für die Völker des Nordens und des Ostens ein Kulturschock: Nach deren Verständnis musste sich bis dato niemand rechtfertigen für das, was er glaubte.

Sie lernten die Angst aus einer anderen Quelle als der von der Natur, kennen.

Gibt es da nicht auch in unserer Zeit "Wahrheiten", die derart unumstößlich, ja staatstragend aufgerichtet worden sind, daß man sie per Strafandrohung, sogar mit Gefängnis ahnden muss? Unverzichtbar:

Man lasse das Volk sich schuldig fühlen, lasse es notfalls straffällig werden, auf daß es gefügig bleibe. Für Intellektuelle kein Problem nachzuhelfen, wo Mangel an Schuldbewusstsein droht.

Derartige Sozialarbeit hat altehrwürdige Tradition: Die Albigenser, auch als Katharer bekannt, fielen bei den Päpsten und ihren Vollstreckern in Ungnade, denn nach ihrer Ansicht hat man Adam im Paradies vom "Baum der Erkenntnis" zu essen verboten, auf daß er neugierig geworden, straffällig werden musste, damit man ihn schliesslich zur Vertreibung freigeben dürfe. Wie uns allen, so ist auch Adam Neugier und Wissenwollen in die Gene mit verankert worden. Wer sieht darin Schuld?

Eine dergestalte Hinterhältigkeit wollten die Albigenser von einem gerechten Gott nicht annehmen. Außerdem glaubten sie an Wiedergeburt und waren wirtschaftlich allen benachbarten Staaten überlegen; sie verfügten über Reichtümer, die offensichtlich christliche Begehrlichkeiten weckten.

In einem umgeleiteten Kreuzzug sind die Katharer von kirchlichen und weltlichen Streitkräften folgerichtig ausgerottet worden.

Deutsche Ritter und Abenteuerer sollen unter den ersten gewesen sein, die sich statt in das Heilige Land zu den Albigensern umleiten liessen. Zwar verwunderte es einige Hauptleute, warum ihnen niemand entgegentrat und keine Dunkelhäutigen die Waffen gegen sie, die Kreuzritter erhoben. Eine himmelschreiende Gutgläubigkeit wie sie Deutschen in ihrer Geschichte oft genug auszeichnete.

Nicht gesichert ist, ob die Kreuzfahrer je zur Besinnung kamen und entdeckten, dass da keine Sarazenen im Heiligen Land auf einen Waffengang warteten. Einer ihrer Anführer fragte zwar nach, woran die Ketzer von den Guten zu unterscheiden wären.

Die Antwort des Papstes: "Tötet sie alle, Gott wird sie erkennen!"

Nirgendwo ein Mahnmal, das an diesen Völkermord erinnert. Lediglich alte Kirchen der Maria Magdalena in Südfrankreich gewidmet, zeugen von der Existenz derer, die als Anhänger des Antichrist gebrandmarkt waren und es wie viele nach ihnen, nicht überlebten. Die betroffene Region in Südfrankreich, einst das reichste Land in dieser Gegend, ist nicht wieder aufgebaut worden.

So nimmt es nicht wunder, wenn von denen da oben, vor allem, wenn sie sich auf christliche Werte berufen, wenig Gutes erwartet wird. Führer der Menschheit eben, die viel von Gottes und ihrem Auftrag, von Demokratie redend, ihre Völker belügen und verschaukeln.

Man sähe sie nicht ungern niedergemacht von apokalyptischen Reitern oder von höllischen Feuern verschlungen. Die eigene Schädigung mit in Kauf genommen.

Womit sich der in Jahrhunderten verinnerlichte Druck der Angst, der stets geforderte Schuldkomplex samt Erbsünde, nach außen kehren möchte.

Eine nicht unerhebliche psychische Wirkung bedeutet das Herbeisehnen apokalyptischer Ereignisse, die jeden Böswilligen, hauptsächlich die Verantwortlichen, dahinraffen sollen.

Mögliche, prognostizierte Ereignisse, die vom Wunsche vieler getragen, sich selbst erfüllen? Ein Harmageddon des archaisch Unterbewussten, das zur Vollstreckung drängt.

Was ist in den folgenden Jahrhunderten nicht alles vorhergesagt worden, besonders was unsere Zeit, das Jahr 2000 und die totale Sonnenfinsternis am 11. August 1999 angeht. Die angekündigten Untergangsszenarien mochten dem Nervenkitzel einer überfrachteten Gesellschaft dienen und brachten nutzbringende Angst mit ein. Zumindest geeignet zur Ablenkung der Massen von unangenehmen Schauplätzen, die sich erstaunlich überraschend auftun. Ohne jede Mitwirkung von Propheten.

Wohl informiert, an den Rockschössen der Politik hängend, angefüllt mit Nachrichten aus allen Medien, mangelt es uns Aufgeklärten an der Übersicht, am Erkennen der Schöpfungsrealität. Von einer kosmischen Zusammenschau weit entfernt, leben wir für kurzlebige "events" und möglichst viel "fun".

Bei allem, was wir erfahren mussten, frönen wir den angenehmen Seiten des Lebens und lassen die Ganoven in Politik, Christentum und Mafia gewähren.
Sie erdreisten sich, wollen "Wahrheit" einfordern, obwohl die Lethargie im Volke mehr als alles andere, von ihnen, den Grossen Brüdern, gewollt ist.
Von denen, die meinen, sie hätten noch immer und allein, das Sagen.

Sonnenwinde

> Friedrich Nietzsche: Denn schon kommt sie, die Glühende, Liebe zur Erde kommt! Unschuld und Schöpferbegier ist alle Sonnenliebe! Seht doch hin, wie sie ungeduldig über das Meer kommt! Fühlt ihr den Durst und den heissen Atem ihrer Liebe nicht? Am Meere will sie saugen und seine Tiefe sich in die Höhe trinken: Da hebt sich die Begierde des Meeres mit tausend Brüsten. Geküsst und gesaugt will es sein vom Durste der Sonne, Luft will es werden und Höhe und Fusspfad des Lichts und selber Licht!

Hoheslied, 5: "Steh auf, Nordwind, und komm, Südwind, und wehe durch meinen Garten, daß der Duft seiner Gewürze ströme! Mein Freund komme in seinen Garten und esse von seinen edlen Früchten".

Die Sonne, ein für uns so wichtiger Teil der Schöpfung, ist mehr als ein Naturreaktor: Gefiltert durch die Erdatmosphäre, strahlt sie heilendes Licht auf uns, das sehend macht, den Stoffwechsel und Hormone anregt. Sie steht auch für Lebenswillen, Vitalität, Selbstbejahung und Selbstsicherheit bis hin zu Geltungsdrang und Machtanspruch.

Die Lufthülle, die passende Entfernung zum himmlischen Kernkraftwerk und nicht zuletzt der Mond, eine gute Lichtsekunde auf Distanz zur Erde - soll alles rein zufällig aus dem Chaos entstanden, sich selbst ordnend und nicht erschaffen worden sein?

Ohne den Mond, der genau die "Sonnenscheibe" abdeckt, gäbe es die Sonnenfinsternis so nicht: Unser Erdbegleiter schiebt sich vor die Sonne, macht umso mehr sichtbar wie das allgegenwärtige Licht weiter lebt.

Für Astronomen und einfache Beobachter war es bis zum Beginn der Raumfahrt die einzige Möglichkeit, Explosionen, Protuberanzen auf der Oberfläche der Sonne wahrzunehmen, die als magnetische Schockwellen den Funkverkehr auf unserem Planeten stören und seine Bewohner beeinträchtigen können.

Eine Explosion aus der Sonne entsteht in Form einer Gasblase im Innern, durchstösst eine Magnetfeldschlinge; kurzzeitig kann die Blase so gross sein wie die Sonne selbst. Die darin enthaltene, ausgeschleuderte Materie kann die Erde erreichen.

Die Häufigkeit der solaren Ausbrüche bewegt sich zwischen zwei bis dreimal täglich (solares Maximum) und einmal pro Woche (solares Minimum). Das Gewicht der ausgestossenen Massen liegt zwischen fünf und 45 Milliarden Tonnen.

Die verursachenden Sonnenflecken können größer sein als die Erde.

Alle 11 Jahre findet auf der Sonne ein magnetischer Polsprung statt. Auch im Jahre 2000.

Ein Wunder, wie Erde und Leben im System unserer Sonne dennoch gesichert sind. Ein Blick in das übrige Universum lässt vermuten, daß Mutter Erde besonderen Schutz genießt!

Das stete Werden und Vergehen im Universum spricht eine deutliche Sprache. Explosionen (Supernovae, eine davon, vor 8000 Jahren explodiert, kommt jetzt an), von entfernten Sternen erreichen uns spät, aber mit Lichtgeschwindigkeit. Eine Supernova in unserer Milchstraße hätte fatale Folgen besonders für alles organische Leben. Ein Stern, der stirbt und als energiereicher Pulsar wieder ersteht, hat zutiefst religiöse Bedeutung. Nur - die Zuständigen für Glauben und Religion, scheuen dieses Wissen immer noch. Die Frommen haben im Sternenhimmel zu ihrer Erbauung eine christliche Dekoration zu sehen.

Immer noch entstehen große Galaxien durch den Zusammenstoß kleinerer; sie schieben sich, meist ohne spektakuläre Wirkung, ineinander.
"Unsere" Sonne, verglichen mit entfernten Sternen, scheint besonders stabil, so als ob sie Rücksicht nehmen müsste auf eine empfindsamer gewordene Erde mit ihren Bewohnern.
In den mir bekannten Fremdsprachen ist es "der" Sonne, eben männlich. Warum sie im Deutschen als weiblich und der Mond als männlich gilt? Sprache, gesprochen, geschrieben, geritzt, eingemeißelt und gesungen, enthält mit den Symbolen, und neben der Mathematik schöpferische Erinnerung, eine ungeahnte Qualität. Sie lässt uns mitteilen, regt zum Denken und Fabulieren an. Eine derart edle Gabe wird "vornehmlich" von denen missbraucht, die damit vorbildlich umgehen müssten. Sensibel wie die Musterdemokraten nun einmal sind, hoffen sie auf den Untergang der deutschen Sprache. In fremder Zunge fällt das Täuschen leichter.

Allein das Wort E i g e n a r t, zufällig bewusst wahrgenommen an einem Ausstellungsgebäude, lässt sich auflösen in <das Ei - das Gen - die Art>. Nur eine Wortspielerei? Hat nicht das >Gen< in unserer Gegenwart schöpferische Bedeutung erlangt und televisionäre Auseinandersetzungen provoziert?

Der Sprachforscher Erhard Landmann hält in seinem Werk "Weltbilderschütterung" fest, wie die katholischen Mönche schon bei ihrer ersten Wortsammlung die althochdeutsche Sprache entstellten und verfälschten. Die Geschichte von der babylonischen Sprachverwirrung habe so einen realen Hintergrund erhalten.

Dennoch sind Spuren des Althochdeutschen in vielen Sprachen nachzuweisen wie zum Beispiel im Quiche der Maya, in dem das deutsche "Guten Tag" (gesprochen meist "gutten tach") als "cittan taha" oder "coothen tah" auftaucht.

Das große Interesse in Europa und darüberhinaus an der Sonnenfinsternis am 11.08.1999, hat kaum jemand für möglich gehalten. Zuhauf strömten die Menschen an Orte, von denen das astronomische Jahrhundertereignis besonders gut zu sehen gewesen sein sollte. Ein Ereignis, das sich passend zum Millenium einstellte. Unvorhergesehene Wolkenfelder mit Regen liessen vielerorts das Schauspiel ins Wasser fallen. Gezeigt hat sich ein für allemal wie offen die Menschen von heute für kosmisches Geschehen sein können. Auch dann, wenn keine Mondlande- oder ähnliche Technik im Angebot ist.

Nur dann, wenn die Medien mitspielen? Ist die Begeisterung für das Naturereignis nicht doch aus dem Anderswo mit angeregt worden? Die Menschen zeigen sich bereiter zur Neuordnung ihres Weltbildes, so als könnten sie von nun an aus dem materialistischen Dunkel in das Licht treten. So oder in ähnlicher Form könnte ein Test ablaufen, der den Erdlingen für die Erhöhung in eine neue Dimension vorauszugehen hätte.

Möglich scheint der Schutz durch Wolken und Regen vor erhöhtem Anteil harter Strahlenpartikel, die im Jahr 2000 aus Sonnenprotuberanzen anfallen - wie vielleicht auch Schutz vor andersartigen Gefahren während der Sofi.

Die poetische Schilderung einer Sonnenfinsternis (1842 in Wien) von Adalbert Stifter, zeigt, welche Empfindungen ein derart kosmisches Ereignis auslösen kann:
"Es war ein so einfach Ding. Ein Körper leuchtet einen anderen an, und dieser wirft seinen Schatten auf einen dritten: aber die Körper stehen in solchen Abständen, daß wir in unserer Vorstellung kein Maß mehr dafür haben, sie sind so riesengroß, daß sie über alles, was wir groß heißen.....Vor tausendmal tausend Jahren hat Gott es so gemacht, daß es heute zu dieser Sekunde sein wird; in unsere Herzen aber hat er die Fibern (heute Fasern) gelegt, es zu empfinden. Durch die Schrift seiner Sterne hat er gesprochen. ... Das Tier hat gefürchtet, der Mensch hat angebetet....es war der Moment, da Gott redete und die Menschen horchten".

Die Erscheinung Sonnenfinsternis ist sicher nicht spurlos an uns vorübergegangen.
Nach immer noch präsenten Erfahrungen beeinflussen die Sonnenzeichen das Alltägliche und sollen die Mondkräfte ergänzen. Bewirkt der Mond Ebbe und Flut, so bestimmt die Sonne die Jahreszeiten mit Hilfe der geneigten Erde.
Die Sonne durchwandert in einem Jahr alle Tierkreiszeichen, der Mond kann das in 28 Tagen.
Insgesamt bedeuten die Stern- und Sonnenzeichen einen uralten Erfahrungsschatz der Menschheit. Die Zeichen verkörpern ein Prinzip, das im Menschen unterschiedliche Verhaltensweisen auslösen kann. Wie die Mondzeichen so sind auch die Zeichen der Sonne den vier Elementen zugeordnet. Diese verknüpft die Astrologie mit den vier Grundfunktionen unseres Be-

wusstseins: dem Feuer entspricht die Intuition, der Erde das Empfinden, dem Element Luft das Denken und Fabulieren, dem Wasser das Fühlen. Zu den Sonnenzeichen gehören auch die Düfte.

Genau ein Jahr zuvor, am 11. August 1998, beobachteten mehrere Personen, darunter eine Familie, in der Costa Catalana de Blanes (Spanien), um 19h15 eine plötzlich einfallende Dunkelheit (fast 2 Stunden vor Sonnenuntergang in dieser Region). Es schaltete sich bei klarem Himmel die Straßenbeleuchtung ein. Die Beobachter erschraken. Sie wunderten sich als am folgenden Tag weder Zeitung noch Fernsehen von dem Ereignis berichteten.

Erst nach der Sonnenfinsternis 1999, erschien eine Abhandlung über das Foucaultsche Pendel, wonach dieses während des Kernschattens aus noch ungeklärtem Grund, seine Rotation beschleunigte; die Beobachter des Vorjahres wandten sich an eine Zeitschrift. Sie fragten, ob nicht neben dem Mond etwas die Beleuchtung der Erde oder das Schwingen des Pendels beeinflusst haben könnte. Das Blatt sicherte zu, daß man Wissenschaftler zu diesem Thema konsultieren wolle.

Nostradamus (1503 - 1566) bezeichnete die Sonnenfinsternis als Schreckenskönig und prompt deutete man den Ausbruch des 3. Weltkrieges hinein. Dazu die "authentische" Übersetzung: "Die Welt nähert sich ihrer letzten Phase, Saturn ist rückläufig, es geschieht zur Zeit des großen Blutbades, nicht weit vom großen Jahrtausend entfernt, wenn die Toten auferstehen. Und: Im Jahre 1999 im 7. Monat wird vom Himmel ein großer Schreckenskönig kommen: Er wird den großen König von Angoulmois wieder an die Macht bringen;

vor und nach dem Kriege wird er wohlgefällig herrschen."

Unverantwortlich ist die neuerliche Korrektur, geboten von einer Wahrsagerin im Fernsehen, die den Ausbruch des 3. Weltkriegs nun in das Jahr 2002 verlegt. Als ob wir mit den Kriegen des vergangenen Jahrtausends nicht schon bis zum Überdruss genug hätten.

Leichtfertige Propheten, die Angst verbreiten, sich wichtig machen wollen, Leute eben, die nichts wissen. Sie bieten Unausgegorenes, das wenigstens erschrecken soll. Wenn es nebenher denn doch Positives bewirken könnte?

Michel de Notredame bekämpfte als Leibarzt von Karl IX. die damals wütende Pest mit Erfolg; er wurde eine angesehene Persönlichkeit.

In zehn Sammlungen von gereimten Prophezeiungen gab er nicht wenigen Forschern Rätsel über deren Auslegung auf.

In Briefen an deutsche Bekannte zeigt er sich als Parteigänger für den Protestantismus, während er in den Almanachen, für die Franzosen bestimmt, ein überzeugter Katholik scheint. Standesgemäss für einen der "Weisen von Zion".

Der genialste aller Propheten beschrieb in seinem 942 Verse umfassenden Werk "Les Centuries" das Inferno des Jahres 1999, das wir ohne apokalyptische Schrecknisse nun überstanden haben. Obwohl 1999 als Rekordjahr für Naturkatastrophen gilt, ist es weit von der Gesamtzahl der rund 1.000.000 Toten entfernt, die allein die Überschwemmung 1887 in China forderte. Statistisch zeigt 1999 global rund 700 Katastrophen auf, in denen 70.000 Menschen ihr Leben verloren.

Bemerkenswert: In seinem Testament soll Nostradamus bestimmt haben, daß man ihn aufrecht begrabe, damit kein Bauerntölpel auf ihm herumtrample in seiner letzten Ruhe. Er fühlte sich als Auserwählter, was nicht so recht zu seinem Ruf als Wohltäter für Alle passen mag. In der Landessprache habe er sich auffallende Plattheiten erlaubt.

Nostradamus wertete irdisches Geschehen entsprechend zu den Vorgängen am Himmel. Er gab sich gerne als Prophet, wenn der Unterhaltungswert damit gesteigert werden konnte.

Aus allerdings berechtigter Sorge vor der Willkür der Inquisition, vor der er seinen Sohn Cesar bewahren wollte, verschlüsselte er den altfranzösischen Text auf geheimnisvolle Weise, auf daß seine Vorhersagen erst dann "erkannt" würden, wenn die zugeordneten Katastrophen der Vergangenheit angehören. Für die vorherrschenden Bedingungen der damaligen Zeit durchaus verständlich. Aber für die Jahrhunderte danach?

Auch er, Nostradamus, ein Opfer der Angst.

Für das Ende des Jahrtausends sagt er den Zerfall der englischen Monarchie und das Ende des Papsttums, den Niedergang der christlichen Religion, die Zerstörung Roms sowie eine Invasion "gelber Horden" in Europa voraus.

Sieht man in dieser gelben Gefahr allerdings die Flut von Kapital und billigen Waren aus dem Fernen Osten, käme man irgendwie der "Invasion" als Faktum näher.

Der heilige Malachias (sein Name bedeutet auf hebräisch Gesandter Gottes) stimmt mit Nostradamus überein, was das Ende der Welt angeht. Beide könnten damit den Untergang "einer Welt", nämlich der westlichen oder einer anderen Zivilisation gemeint haben - nicht das Bersten der Erde.

Von den begleitenden "Weltgeschehen" - von den schätzungsweise 30.000 Prophezeiungen lagen über 95% völlig daneben - ist, wie wir wissen, während und nach der "Sofi" (Sonnenfinsternis) nichts eingetreten. Es sei denn, der oder die Propheten sind

a. wieder einmal falsch interpretiert worden, echte Begabung vorausgesetzt,
b. wir leben nicht in der Zeit in der wir sollten, nämlich im Jahre 1704 nach der Zeitkorrektur, was jedoch auf die Prophezeiungen nach dem Jahre 1.000 keinen Einfluss haben kann, oder
c. unsere Schutzmächte im All wussten Schlimmstes zu verhindern; mit Hilfe von Technologien, die uns noch unbekannt sind, könnten sie Kometen und Asteroiden umlenken und die ausgedünnte Ozonschicht von aussen reparieren.

Ist da ein Schicksal von Prophezeiungen im Spiel, wonach diese als korrigierbare Ereignisse der Zukunft mittels Gebet/Beschwörung, aufzufassen wären? Aufgeschobene oder aufgehobene Endzeiten?

Rätselhaftes, sogar für die etablierte Wissenschaft Unerklärliches, soll laut Fernsehsendung (ZDF oder Sat1) dennoch während der Sonnenfinsternis geschehen sein. Berichtet wurde von laufenden Versuchen über das Verhalten des Foucaultschen Pendels: Es bewegt sich normalerweise in Übereinstimmung mit der Rotation der Erde, drehte sich aber während des Kernschattens anders als gewohnt. Das Ungeklärte sollte eigentlich in den nächsten Sendungen dieser Serie von Wissenschaftlern erläutert werden. Wurde das Pendel von zufälligen Schwankungen der Schwerkraft gestört oder gar von noch unbekannten Wirkungen des Lichtes beeinflusst? Walten besondere Kräfte im abgeschatteten Sonnenlicht? Sind mit einem Minimum an Lichtenergie größere Energie-, Magnetfelder oder Schwerkraftwellen veränderbar? Die Strahlen der Sonne erreichen die Erde in nur sieben Minuten. Sind Gedanken und ihnen ähnliche Schwingungen nicht schneller als Licht?

Das Foucaultsche Pendel für sich merkwürdig genug, liess dazu ein Mysterium zwischen Sonne und Mond erkennen.

Bekannt ist, wie ein Senkblei schwingt, aber einen Präzisionsmechanismus zu finden, der im vorgesehenen Sekundenbruchteil von einem Sonnenstrahl getroffen wird, muss einen langen Weg und viel Zeit gebraucht haben.

Damit verbunden ist der Werdegang mehr oder weniger geheimer Bünde und ihrer Meister.

Entwickelt werden sollte nach deren Verständnis eine ablesbare Verbindung aus den Tiefen der Erde bis in die steinernen Seismographen, Empfänger- und Sendeanlagen, Menhire, Pyramiden, Satelliten auf Erdumlaufbahnen, Sonden im Weltraum und Stationen auf Monden/Planetoiden.

Bekannt ist, wie jedes chemische Element in der Spektralanalyse typische Merkmale aufweist; sie ist deshalb geeignet zur Identifizierung von Stoffen. Bei einer energetischen Aufladung von Wasser nach einem japanischen Bio-Verfahren zeigt das darin enthaltene Salz ein verändertes Spektrum, dessen Abstrahlung in einem merklich niedrigeren Energiebereich liegt, obwohl es von gleicher chemischer Zusammensetzung ist. Nach herkömmlichem Physikverständnis wäre eine derartige Spektraländerung nicht denkbar.Im Verlauf totaler Sonnenfinsternisse sind eben diese Werte auch von Wissenschaftlern beobachtet worden. Japanische Wasserforscher sehen darin eine Aura-Energie, wie sie bei der Anwendung ihres "Ki"-Gerätes entsteht.

Einen Einblick hinter die Sonne gewährt das Sonnen-observatorium "Soho", das der Messung der Sonnenaktivität auf der erdfernen Seite dient.

Eine deutsch-amerikanische Sonde "Helios", sammelt auf einer Umlaufbahn um die Sonne, Daten über deren Energieaufkommen.

Die europäisch-amerikanische Sonde Ulysses erreichte 1994 als erstes Raumfluggerät den bis dahin unbekannten Südpol der Sonne; es kam auf den 500-fachen Sonnenradius an unser Tagesgestirn heran. So gelang es, solare Teilchen einzufangen, die zur Analyse des Gasballs dienten. Von der Erde aus wäre das nicht möglich, denn das Erdmagnetfeld schirmt die subatomaren Sonnenpartikel ab, was wiederum die Menschheit vor Schaden bewahren kann.

1976 konnte der deutsch-amerikianische Raumflug-körper Helios 2, wesentlich näher, nämlich 60 Sonnenradien, an unseren "Naturreaktor" herankommen. Ein weiteres Rätsel wäre mit der waggongrossen Sonnensonde "Starprobe" (USA) zu lösen; im September 2001 soll sie erst auf eine Bahn zum Jupiter gebracht werden; die zwei Millionen Grad heisse Aussenschicht des Zentralgestirns ist das Ziel: Es ist immer noch unbekannt, wie der solare Reaktor funktioniert. Genaueres Wissen darüber könnte die Lösung irdischer Energieprobleme auf den Weg bringen.

Immer noch oder schon wieder: Der 5.5.2000, sollte neben einer Aufreihung von sieben sichtbaren Planeten eine Konjunktion bringen, nach der die maximale Sonnenaktivität beginnt; es endet die neunmonatige Periode nach der Sonnenfinsternis im August 1999, mit der das sogenannte kosmische Kreuz seinen Anfang nahm.

Visionäre der Apokalypse befürchten selbstverständlich zusammen mit den in Reihe versammelten Planeten Merkur, Venus, Erde, Mars, Jupiter, Saturn und Uranus, und den gleichzeitig auftretenden Eruptionen

der Sonne, die in der zweiten Jahreshälfte ihr Maximum erreichen, ein unheilträchtiges Ereignis.
Zur erhöhten seismischen Aktivität mit Vulkanausbrüchen kämen abrupte klimatische Veränderungen und gewaltige Unwetter sowie eine drastische Verlagerung der Erdachse. Sie verliefe erstaunlicherweise zwischen Ostasien und Mittelamerika, sodass der Äquator nach der verqueren Nord-Süd-Richtung irgendwo entlang am Stiefel von Italien verlaufen sollte.
Was schon der moderne Prophet Edgar Cayce für die Zeit zwischen 1998 und 2001 vorausgesehen hätte; es würden Erdteile versinken und neue aufsteigen. Im Verhalten der Menschen zeigten sich parallel dazu, wen wunderts, subtile Veränderungen.

Gegen diese astrologisch gesehenen Auswirkungen der Himmelsereignisse ziehen die Astronomen zu Felde: Der Gravitationseffekt der in Reihe aufziehenden Planeten wäre samt Sonne und Mond so geringfügig auf unsere Erde, dass selbst bei geringeren Abständen der Himmelskörper kaum messbare Änderungen zu erwarten wären. Die Anziehungskräfte der aufgereihten Planeten erreichten nur den 6.460sten Teil der solaren Schwerkraftwirkung.
Die Welt hat sich gespalten in Katastrophisten und Antikatastrophisten; wir haben die Wahl.
In Ostafrika und im Nahen Osten lebt eine Legende, die von einem Volk erzählt, das aus dem Universum kommend, alle 5.000 Jahre die Erde besucht, die einst die Erdatmosphäre nach einer kosmischen Katastrophe erneuerte, so dass sie für Menschen und alle Säugetiere wieder bewohnbar wurde und den blauen Planeten wie wir ihn kennen, neu erschuf.
Wie ist das nun mit dem über uns vagabundierenden Ozonloch?

Eingebungen

Sprüche Salomos, 20-26: Die Weisheit ruft laut auf der Straße und lässt ihre Stimme hören auf den Plätzen, sie ruft im lautesten Getümmel, am Eingang der Tore, sie redet ihre Worte in der Stadt: Wie lange wollt ihr Unverständigen unverständig sein und ihr Spötter Lust zu Spötterei haben und ihr Toren die Erkenntnis hassen?
Kehret euch zu meiner Zurechtweisung! Siehe, ich will über euch strömen lassen meinen Geist und euch meine Worte kundtun. Wenn ich aber rufe und ihr euch weigert, wenn ich meine Hand ausstrecke und niemand darauf achtet, wenn ihr fahren lasst all meinen Rat und meine Zurechtweisung nicht wollt, dann will ich auch lachen bei eurem Unglück und euer spotten, wenn da kommt, was ihr fürchtet.

Ein Gott, der für Missachtung und Missverständnisse seitens seiner Geschöpfe Rache nehmen, sie brutal bestrafen will? Einen solchen Gott sollte man fragen dürfen, warum er uns denn so geschaffen hat - mit all diesen Mängeln des Nicht-Erkennens.

Der österreichische Mystiker Jakob Lorber (1800-1864) schrieb Eingebungen seiner inneren Stimme nieder; insgesamt 25 Bände. Als "Neuoffenbarung", in der christlichen Sprache dieser Zeit niedergeschrieben, sind seine Werke in unsere Gegenwart herüber gekommen. Er galt als der "Schreibknecht Gottes". Aus seinen prophetischen Kundgaben:
"Wenn die Zahl der Reinen und Guten wie zu den Zeiten Noahs sich sehr verringern wird, dann soll die Erde abermals beschickt werden mit einem allgemeinen Gericht, in welchem weder der Menschen noch der Tiere, noch der Pflanzen geschont wird. Es werden da den stolzen Menschen nichts mehr nützen ihre feuer-

und todspeienden Waffen, nichts ihre Burgen und e-
hernen Wege, auf denen sie mit der Schnelligkeit eines abgeschossenen Pfeiles dahinfahren werden,
denn es wird ein Feind aus den Lüften angefahren
kommen und wird sie alle verderben, die da allzeit Üb-
les getan haben. Das wird sein eine wahre Krämer-
und Wechslerzeit. Was ich jüngst einmal zu Jerusalem den Wechslern und Taubenkrämern tat, das werde Ich dann im Großen tun auf der ganzen Erde und
werde zerstören alle die Kramläden und Wechselbu-
den durch den Feind, den Ich aus den weiten Luft-
räumen der Erde senden werde wie einen dahinzuc-
kenden Blitz mit großem Getöse und Gekrache.
Wahrlich, gegen den werden vergeblich kämpfen alle
die Heere der Erde, aber Meinen wenigen Freunden
wird der große unbesiegbare Feind kein Leid antun
und wird sie verschonen für eine ganz neue Pflanz-
schule, aus der neue und bessere Menschen hervor-
gehen werden."

Fast mühelos lassen sich darin Raumflugkörper, Unidentifizierbare Flugobjekte und Lichterscheinungen
erkennen. Deutlich genug auch eine Ablehnung der
sogenannten Globalisierten Welt, zugehörige Ma-
fiastrukturen aller Art und deren elitär sich gebärdenden Macher. Erwähnenswert: In seine Kundgaben
über Jesus, der das Händlervolk aus dem Tempel jag-
te, steht das Zeitwort "jüngst". Eineinhalb Jahrtausende sind für uns Kurzlebige anders als mit >jüngst< zu
verstehen.
Von wem stammen die Eingebungen wirklich, die Jakob so brav niedergeschrieben?
Weiter:
"Es gibt ein gar großes Land im fernen Westen, das
von allen Seiten vom großen Weltozean umflossen ist
und nirgends über dem Meere mit der alten Welt zu-
sammenhängt. Von jenem Land ausgehend, werden
die Menschen zuerst große Dinge vernehmen, und

diese werden auch im Westen Europas auftauchen, und es wird daraus ein helles Strahlen und Widerstrahlen entstehen. Die Lichter der Himmel werden sich begegnen, erkennen und sich unterstützen."

Amerika ist also dem Jakob Lorber gezeigt worden. Auch die Coca-Cola-Mentalität, die Ausbeutung Gaias (s. Indianer)?

"Es werden die Menschen gewarnt werden durch Seher und besondere Zeichen am Firmament, woran sich aber nur die wenigen Meinen kehren werden, während die Weltmenschen das alles nur für seltene Wirkungen der Natur ansehen werden..."

Jakob Lorber schrieb ferner Werke über Himmelskörper, galaktische Strukturen und sogar Elementarteilchen. Er beschrieb das Atom als zusammengesetztes Gebilde, das zuvor als unteilbar gegolten hat. Von unzähligen Galaxien, galaktischen Haufen und Supergalaxien weiß er zu berichten. Bis in die 20er Jahre hinein glaubte die Wissenschaft an nur eine Galaxie, nämlich unsere Milchstraße!

Die Gesamtstruktur des Makrokosmos (nach Wilfried Schlätz) wie sie ihm mitgeteilt wurde, basiert u.a. auf Planeten, die um Ihre Planetarsonne kreisen und mit ihr ein Planetensystem bilden. Mit diesen kreisen Millionen Planetarsonnen um ihre Gebietssonne und bilden mit ihr ein Sonnengebiet, das nach heutiger Kenntnis einem Kugelsternhaufen entspreche.

In dieser Vorstellung kreisen Millionen Gebietssonnen zusammen mit ihrem Sonnengebiet um ihre Allsonne und bilden mit ihr ein Sonnenall, das wiederum einer Galaxis (Milchstraße, Spiralnebel) nahe käme.

Darüberhinaus kreisen Millionen von Allsonnen um ihre jeweilige All-Allsonne, die zusammen ein Sonnen-Allall formen.

Sie alle, sieben Millionen, kreisen um eine Urzentralsonne und bilden in einer kugelschalenartigen Umhüllsung eine Hülsenglobe, bzw. ein Universum.

In riesigen Entfernungen voneinander getrennt, stünden viele solcher Hülsengloben fest im Raum.

Insgesamt bilden diese Makroatome eine unvorstellbar große Menschengestalt, die als >Homo Maximus< (laut Swedenborg) oder als der >Große Materielle Schöpfungsmensch< (Lorber) beschrieben ist.

Sie gelten als Inbegriff jenes einen Siebtels der urgeschaffenen Geister, die sich freiwillig zur Materie verdichtet haben.

Sirius, im Sternbild des >Großen Hundes<, gilt in der Astronomie als eine benachbarte Planetarsonne in einer Entfernung von nur 9 Lichtjahren.

Nach der Offenbarung durch Jakob Lorber ist Sirius unsere lokale Gebietssonne mit einem Durchmesser von einem Lichtjahr und wäre mindestens 5000 Lichtjahre von uns entfernt.

SIRIUS liegt nicht im Zentrum unserer Milchstraße - diese liegt im Sternbild des Schützen - , sondern im Sternbild des Großen Hundes; somit sei die Milchstraße nicht unser Sonnengebiet - sie ist schon unser Sonnenall.

Unser Sonnengebiet ist damit unser lokaler Kugelsternhaufen mit der Gebietssonne SIRIUS im Zentrum.

Seine "innere Stimme" liess Lorber allerdings auch gewaltige Katastrophen, ein großes Weltgericht um die Jahrtausendwende beschreiben.

Erstaunlich vor allem seine Niederschrift über den Funkverkehr; die Existenz von elektromagnetischen Wellen wurde erst 23 Jahre nach seinem Tod von der Wissenschaft erkannt.

Lorber deutet die globalen Katastrophen nicht einfach als ein göttliches Strafgericht, sondern auch als Folge menschlichem Fehlverhaltens: "Die Menschen werden von ihren vielen Weltkenntnissen und erworbenen Fähigkeiten einen stets böseren Gebrauch machen und dadurch freiwillig allerlei Gerichte aus der Tiefe meiner Schöpfung über sich und am Ende über die ganze Erde heraufbeschwören. In dieser Endzeit werden die Menschen zu einer großen Geschicklichkeit in allen Dingen gelangen und allerlei Maschinen erbauen, die jedwede Arbeiten verrichten werden wie lebende Tiere und vernünftige Menschen. Dadurch aber werden viele Hände arbeitslos, und deren Menschen Elend wird sich steigern bis zu einer unglaublichen Höhe.." (s. Globalisierung, Mafia, Geldwäsche moderner deutscher Politiker und Vatikanbanken etc.)

Die Befürworter von Multikultur und Rassenvermischung sollten wir nicht aus den Augen verlieren; in Wahrheit bliebe die Vielfalt der Kulturen auf der Strecke. Die in "wohltätigen" Organisationen Vereinigten zielen langfristig auf einen unterschiedslosen Mischtypen mässiger Intelligenz, der möglichst uniforme Konsumwünsche aufweist und keine unangenehmen Fragen stellt.

Warum aber scheinen die Eingebungen des "Schreibknechts Gottes" zum Teil durchaus "richtig", andere dagegen zeigen sich als nicht erkennbar?

Wie geradezu üblich auf diesem Gebiet, sind derlei Übermittlungen störanfällig, sie können beim Empfänger verzerrt oder falsch ankommen.

1.Korinther 15,51: Siehe, ich sage euch ein Geheimnis: Wir werden nicht alle entschlafen, wir werden aber alle verwandelt werden.

Wie und wann wir aus irdischen Verstrickungen entlassen werden: Das Jenseits ist so ferne nicht, es ist gegenwärtig, in und um uns. Der Weg dahin muss nicht über ein Gemetzel auf Harmageddon führen.

Nach Jakob Lorber treten die meisten Erdenmen-
schen nach ihrem leiblichen Tod noch unvollendet in
die feinstofflichen Jenseitssphären ein. Ihnen bietet
die göttliche Liebe drüben neue Schulungsstätten,
damit sie alle, wenn auch auf beschwerlichen Wegen,
zur Vollendung geführt werden können.
Papst Johannes Paul II, (im Dezember 1981), verkündete in einer Generalaudienz vor 4000 Zuschauern im
Vatikan, daß es im Jenseits keine Ehe und keine
Fortpflanzung gebe. Ihre sexuellen Unterschiede würden Männer und Frauen jedoch beibehalten. Die
Wiederauferstehung könne die psychosomatische Natur des Menschen nicht verändern.
Das Jenseits sei die endgültige Vervollständigung des
menschlichen Geschlechts - wie das ebenfalls ent-
sprechende Bibeltexte besagten.

Mehr Licht

Der Prophet Hesekiel 1:
Und über der Feste, die über ihrem Haupt war, sah es
aus wie ein Saphir, einem Thron gleich, und auf dem
Thron saß einer, der aussah wie ein Mensch.
Wie der Regenbogen steht in den Wolken, wenn es
geregnet hat, so glänzte es ringsumher. So war die
Herrlichkeit des Herrn anzusehen.
Und als ich sie gesehen hatte, fiel ich auf mein Ange-
sicht und hörte einen reden.
(Biblische Schilderung einer Flugscheibe, auch als
UFO apostrophiert).

Eine Licht-Erfahrung wandelte den Saulus zum Pau-
lus, eine Licht-Erscheinung soll dem berühmten arabischen Kaufmann die Erleuchtung für den Koran gebracht und ihn zum "Religionsstifter" gemacht haben:
Abul Kasim Muhammad Ibn Abd Allah. In jener Zeit

waren die Muslime noch Freunde und Verwandte des Christentums.

Himmlisches Licht erleuchtete zu allen Zeiten, in allen Kulturen Mystiker, Visionäre, Weise, Kaiser und Feldherren. Es gilt als Voraussetzung für die Gabe des Fernwissens, der Fernwahrnehmung, des Vorauswissens und der Prophezeiungen.

Hildegard von Bingen: Das Licht, das ich schaue ist ...weit heller als die Wolke, die die Sonne trägt; genannt wird es mir "der Schatten des Lebendigen Lichts".

Ein Licht im Lichte.

Wie der Astronom Johannes Kepler über eine, ihm innewohnende Energie seine Seele zum Mond schickte (s. seine Novelle "Somnium"), ist auch die Nonne Anna Katharina im westfälischen Dülmen auf außerkörperliche Reisen zu entlegenen Orten gelangt.

Der Philosoph Giordano Bruno bezog neue, wissenschaftliche Erkenntnisse aus einer Begegnung mit dem Licht:

"Gott ist in Allem". Er sah die Sonne von Planeten umkreist, was damals als üble Ketzerei galt. Die Kirchen warfen ihm geistige Nähe zur Magie, zu Hermes Trismegisto und allgemein provozierendes Verhalten vor, das letztlich zu einem Bruch zwischen Religion und Wissenschaft führen musste. Geehrt wird er in unserer Zeit als Märtyrer der Wissenschaft. Übersehen wird meist, dass seine "ketzerischen" Einsichten aus einer Erleuchtung entsprangen, die sein Leben entscheidend prägte.

In ihrem absoluten Anspruch auf Alleinbesitz von Wahrheit und Gottgefälligkeit, duldeten die Kirchenväter jedoch keinen gebildeten und bekannten Zweifler.

Giordano Bruno versuchte auf einer Pariser Universität eine Aussöhnung mit der katholischen Kirche; er trug die "120 Thesen gegen die Peripatetiker" vor, in denen er das Weltbild des griechischen Philosophen Aristoteles widerlegte. Das geriet ihm zum Verhängnis, denn die Ansichten des Aristoteles galten im Vatikan als kirchenfreundlich. Giordano musste nach Deutschland flüchten, wo er mit seiner Auffassung von der "Weltseele" überall gut ankommt. Er folgt einer Einladung nach Venedig, wo er wegen seiner "Vertreibung der triumphierenden Bestie", verstanden als Angriff auf den christlichen Glauben, in die Fänge der heiligen Inquisition gerät. Nach sieben Jahren Prozessen, Verhören und Foltern im Kerker der "Engelsburg", wird er zum Tod auf dem Scheiterhaufen verurteilt. Zu seinem Schicksal gehörte das Bekenntnis einer mehrfachen Wiedergeburt, was ja bedeutet, dass der Mensch selbst zu seiner Vervollkommnung beitragen kann und keiner Erlösung bedarf.

Vor allem aus diesem Grunde ging er gelassen, vor 400 Jahren (17.02. 1600) in den Feuertod. Er soll die ihn verzehrenden Flammen freudig begrüsst haben. Seinen Richtern sagte er nach der Verurteilung: "Mit grösserer Furcht verkündet ihr das Urteil gegen mich, als ich es entgegen nehme".

Der als konzilianter geltende Wissenschaftler Galileo Galilei, der die Astronomie des Giordano Bruno bestätigte, endete dennoch ebenfalls auf dem Scheiterhaufen. Hätten hinter Johannes Kepler nicht drei Kaiser und Wallenstein gestanden, wäre er ebenfalls keines natürlichen Todes gestorben. Wahrscheinlich um den Astronomen Kepler zu treffen, ist seine Mutter von der Inquisition zur "Verantwortung" gezogen und in einem Hexenprozess verurteilt worden - bis zur Folter. Johannes Kepler konnte ihre weitergehende Verurteilung und damit die Verbrennung der 70-jährigen auf dem Scheiterhaufen verhindern. Sie verfügte natürlich über paranormale Fähigkeiten, die für selbsternannte Inquisitoren Grund genug zu einer Verurteilung boten.

Ähnliche Begabungen waren ihrem Sohn Johannes Kepler zu eigen, der sie allerdings in die Wissenschaft umsetzen konnte.

Wie aus England (Daily Telegraph) berichtet, sind nach der Sonnenfinsternis Tausende von Brieftauben verschwunden. Nicht weniger als 3.000 Vereine sind von dem Verlust betroffen. Vermutlich ist während der wenige Minuten dauernden Finsternis den Tauben der Orientierungssinn verloren gegangen. Etwas, was den Züchtern allerdings vor kurzem durch derartige Störungen, verursacht von Überschallflugzeugen widerfahren ist.

Es wäre nicht auszuschliessen, daß wir Menschen unmerklich, vom Naturereignis "Sofi" beeinflusst, mit geprägt wurden. Wozu ja auch das zodiakale Licht der Sternbilder in der Lage sein soll (Das Zodiakallicht entsteht durch die Streuung des Sonnenlichts in der Ebene der Tierkreise). Das von der Sonne polarisierte und auf die Erde abgestrahlte Licht wird seine Wirkung auf uns weiterhin ausüben.

Haben Kräfte ausserhalb unseres Begreifens, rückgängig gemacht, was die Erde heimsuchen sollte. Ein Erlösungsvorgang der lichten, der überirdischen Art?

Nach dem Plan des wahren Gottes (Lorber) von einer allgemeinen Erlösung, gibt es keine ewige Verdammnis! Weder diese noch die Hölle erwarten uns.
Das im All gegenwärtige Licht wird uns nicht verlassen - es dient auch unserer Gesundheit und Höherentwicklung.
Religionen und Politiker brauchen Drohungen mit Hilfe der Hölle, sie wollen ihre Schäflein ja im Pferche niederhalten, auf daß sie allzeit in Demut zur Sühne und

zum Zahlen bereit. An Kirchenvätern und führenden Politikern will das erhellende, das lebendige Licht noch keine Wirkung zeigen.

Um ihr Endziel zu erreichen, gelangen die unreif aus dem Leben scheidenden Seelen im Jenseits, das heißt in der irdisch unsichtbaren >geistigen Welt< zunächst in eine Art Traumleben. Hier wird ihnen zur Belehrung von ihren Schutzmächten ein innergeistiges Erleben geboten, das je nach ihrer guten oder bösen Gesinnung ein paradiesisches oder ein qualvolles Empfinden hervorruft.

"Himmel und Hölle" sind demnach keine Örtlichkeiten, sondern geistige Entwicklungszustände der Seele!

Stark egozentrische, erdgebundene Seelen werden auch durch "Wiedereinzeugung"

(Reinkarnation) auf anderen stofflichen Welten oder zuweilen auf unserer Erde weitergeschult - nach den Kundgaben von Jakob Lorber.

Im Urchristentum, und schon davor gab es eine Synthese zwischen der Heilandslehre und dem Entwicklungsgedanken der Wissenschaft, nicht zuletzt in den Naturreligionen, bei den sogenannten Heiden.

Charisma und Theaterdonner

Psalm Habakuks, 3: Seines Lobes war der Himmel voll, und seiner Ehre war die Erde voll. Sein Glanz war wie Licht; Strahlen gingen aus von seinen Händen. Darin war verborgen seine Macht.

Eine Weissagung des Nostradamus in Bezug auf den 1. Weltkrieg "als den ersten Holocaust" (gab es zuvor und gibt es noch) könnte insoweit zutreffen als in seinem Verlauf - wie prophezeit - die Sowjetunion entstanden ist. Dazu: "Diese miserable Tochter" wird sich nicht länger als 73 Jahre und 7 Monate halten. Die Sowjetunion ging tatsächlich nach nicht ganz 74 Jahren ohne jede Gegenwehr unter. Was ein zusätzliches Mirakel bedeutet.

An eine entscheidende Mitwirkung deutscher Politiker, zum Beispiel an der Wiedervereinigung, glaube, wer will. Klar erkennbar scheint es nicht, wem unsere Volksvertreter - Eid hin, Eid her - wirklich dienen.

Nach sieben Jahren jedoch - also spätestens 1999 - hätte sie, die URS als die Macht des Bösen wieder auferstehen müssen, die antrete, um dem Kommunismus die Weltherrschaft zu erobern. Danach sieht es keineswegs aus, obwohl nicht wenige eben das erwarteten.

Auch wenn russische Armeen in Tschetschenien gegen das "eigene Volk" Krieg führen, dann vornehmlich, weil es der Verteufelung des Volkes der Russen, also einem übergeordneten Ziel, dient.
Damit keinem verantwortlichen Mitteleuropäer einfällt, mit diesen Verabscheuungswürdigen zusammenarbeiten zu wollen.
Jelzin & Co. regierten ein Volk, das Fremdherrschaft gewohnt ist. Weder Zar, noch Stalin, noch Lenin, noch Trotzki oder Marx und Engels wollten dem Volke dort helfen. Sie dienten sich selbst und, weiß der Teufel, wem sonst noch. Keiner der vorgenannten Personen, war gebürtiger Russe. Wird Putin sich von den globalen Machern lösen können?
Waren sie alle, die da in hehrer Pose, angeblich begnadet mit Charisma, durch die Weltgeschichte schritten, in Wirklichkeit armselige Hanswurste, vorgesehen als ausführende Organe zur Dezimierung der Bevölkerung oder einem anderen, uns unbekannten Ziel?

Ist ihnen Macht und Charisma zuteil geworden, damit sie einen übergeordneten Auftrag erfüllen konnten?

In der Gegenwart erleben wir eine virtuos orchestrierte Darstellung mit kriegerischen Paukenschlägen, die Balkan-Kosovaren und Tschetschenen ungewollt verbindet. Keineswegs zum Wohle der betroffenen Völker.
Jedenfalls werden die Moslems weltweit provoziert und lässt gleichzeitig Russland sich pauschal als Bösewicht vorführen. Auf wundersame Weise sind "die Russen" so geworden wie die Beglücker der Menschheit sie haben wollen.
Neuerdings berichten russische Zeitungen von Absprachen zwischen den USA und ihrem Land, wonach die URS freie Hand in der Befriedung Tschetscheniens zur späteren Sicherung von Erdöl-Pipelines erhalte, und der russische Geheimdienst die Bombenattentate in Moskau selbst inszenierte, die, wie bekannt, den Tschetschenen unterstellt wurden. Eine fast unglaubliche Geschichte? Unter wessen Oberkommando arbeitet dieser "Dienst"? Losgelassen sind die Organisatoren von Gog und Magog in dieser unglücklichen Region.
Ein immer noch vitales, aber nicht mehr "unschuldiges" Volk, das Jahrhunderte hindurch von üblen Kräften beherrscht, dezimiert und ausgehungert wurde. Den Gipfel alles Bösen bietet die Mafia heute in Russland, eine globalistische Perversion. Natürlich mit Befehlszentrale ausserhalb Russlands, wo Charisma ganz besonders waltet.

In "Kein Krieg in Europa?" zählt *Philomena* 3/99 (Theresia-Verlag) politische Fakten in den Wochen vom 13.3.99 bis 8.8.1999 auf, die der Menschheit wieder einmal eine Gratwanderung zwischen Krieg und Frieden bescherten. Der sogenannte Kosovo-Krieg, die

118

Bombardierung Jugoslawiens, der Aufmarsch der russischen 14. Armee in Moldawien, die den Serben zu Hilfe eilen sollte, genügte durchaus, um die angekündigte Apokalypse in Form eines Weltkrieges, der oft zitierten Entscheidungsschlacht, in Gang zu setzen.

Das 1991 im Vorfeld des Golfkrieges angekündigte "biblische Harmageddon", damals ausgeblieben, soll nachgeholt werden? Soll mit aller Gewalt und Tücke die alles entscheidende Schlacht zu einem "günstigen" Zeitpunkt provoziert werden?

Noch 1914 reichte ein Attentat in Sarajewo auf den Thronfolger Österreichs, um einen 30-jährigen Weltbrand auszulösen. Erleuchtung ist nicht vonnöten, um nachzurechnen, daß zwischen 1914 und 1945 ziemlich genau 30 Jahre liegen. Ohne den 1. wäre der 2. Weltkrieg nicht möglich gewesen.
Nachzuholen: In Deutschland, bei den Leichtgläubigen, blieb unbekannt, was schon 1914 über "Germany and the Germans" zu lesen, im Radio zu hören und in Filmen zu sehen war. Gleich einem Unwetter setzte eine Hetzkampagne gegen Deutschland ein, die auf allen Ebenen, an Universitäten, in Kirchen aller Konfessionen und in Massenmedien noch immer volle Wirkung zeitigt. Was in allen Köpfen gegenwärtig ist: Nie in der Menschheitsgeschichte existierte ein derart verbrecherisches Volk wie das in Deutschland. Zum Schein nur geben sich diese Deutschen als Christen, die von Geburt aus Bestien seien. Stalin und seine Kommunisten wären verabscheuungswürdig, die Deutschen aber noch viel schlimmer. !945 war es oberstes Gebot der Sieger dieses böse Volk zu rechristianisieren umzuerziehen und nebenher zu dezimieren. Unter "Entnazifizierung" lief diese Missionierung an (mehr darüber in den Schriften des US-Historikers Prof. Dr. Reuben C. Lang).

Kaum mehr verwunderlich, dass die Hetze gegen alles Deutsche bereits vor dem 1. Weltkrieg ihren Anfang nahm. Damals galt es in weiser Voraussicht der zuständigen Lenker in Gottes eigenem Land, die Russen vor einer Zusammenarbeit mit den Deutschen mit aller Gewalt zu verhindern. Die Schüsse von Sarajewo lieferten den Start in ein 30-jähriges Niederringen und Aufteilen Europas. Keinen Zweifel lassen die USA aufkommen, dass Europa zusammen mit den Deutschen weiterhin niederzuhalten ist. Das grosse Britannien soll für die amerikanische Vorherrschaft in der EU mit beitragen.

"Blankes Entsetzen über die Weltlage" habe im März 99, europäische Regierungen befallen. Die US-Streitkräfte liessen zwei Millionen Soldaten und Reservisten gegen Milzbrand impfen, was als Teil einer stillen Mobilmachung gelten konnte. Ein Hinweis aber auch auf mit in Kauf genommene biologische Kriegführung.
Offiziers-Reservisten der Bundeswehr zog man vorsorglich ein und Ende März berichtete ein TV-Sender über das Auslaufen der russischen Nordmeerflotte, die innerhalb von sechs Tagen den Atlantik hätte kontrollieren können.
Russlands Ministerpräsident Jewgeni Primakow: Wenn die NATO weiter Krieg gegen Jugoslawien führe, müsse sein Land Deutschland besetzen. In deutschen Medien wurde nicht darüber berichtet; haben "Umsichtige" uns vor der verbalen Drohung verschont?
Deutsche Politiker, sich selbst auf die Schulter klopfend: "Dieses Mal sind wir zum Glück auf der richtigen Seite". Bestimmt aus ihrer Sicht und zu ihrem persönlichen Besten. Heroisch kann man den Überfall der Vielen auf einen Unbeliebten ja nicht sehen wollen. Aber eine "geglückte" Demonstration der Stärke mit

nachhaltender Wirkung, wie es sich ergab: nicht zuletzt gegen Österreich und den bösen Haider.
Anrainer die Bundesrepublik Deutschland. Den Sack schlagen, den Esel meinen!

Im Raum Hof und in Mitteldeutschland laufen im April Manöver der deutschen Bundeswehr an.

Als Edmund Stoiber aus Moskau zurückkehrte, warnte er vor der Gefahr eines dritten Weltkrieges, falls die NATO Bodentruppen im Kosovo einsetze. In der Adria finden sich sieben Flugzeugträger ein.
Die *New York Times* meldet am 19.4.99, daß u.a. 900.000 US-Reservisten abrufbereit stünden.
Umfragen in den USA ergeben, daß 50% der Amerikaner nicht wissen, wo Kosovo liegt. Dagegen wissen ihre Präsidenten, was es mit Harmageddon auf sich hat (s.Golfkrieg).
Arabische Medien erstaunt: Für uns Moslems sieht es aus, als ob eine christliche Allianz einen christlichen Bruderstaat angreift, um Muslime zu retten!?

Grübeln über einen Zusammenhang zwischen dem Krieg im Kosovo und dem 2. Krieg der Russen gegen Tschetschenien ist angesagt. Purer Zufall, daß das eine dem anderen vorausging, sich selbst rechtfertigende Ereignisse?

China sieht in den NATO-Angriffen eine speziell gegen ihr Land gerichtete Strategie, um den Staat Hindernisse auf dem Weg zur Weltmacht in den Weg zu legen.
Tschernomyrdin bezeichnet die Verantwortlichen der NATO als Kriegsverbrecher, nachdem Freund Milosevic als solcher angeklagt wurde.

Anfang Juni plante die US-Army den Einsatz von 200.000 Mann als Bodentruppen für Kosovo. China und Russland fordern die sofortige Einstellung der Luftangriffe auf Jugoslawien.

Iswestija weist drohend auf 100.000 illegal in Berlin eingesickerte Russen hin; in Bayern würden ebenfalls 100.000 Russen leben! Allein in Kaufbeuren gebe es davon 10.000. Im ferneren Westen eine äusserst willkommene Drohgebärde.

Israel erhält große Mengen Rüstungsgüter aus den USA; die Bedrohung für Israel käme von einem Land, das nicht "direkter Nachbar" sei.

Vor russischen Militärs spricht Jelzin von einer baldigen Konfrontation mit der NATO. In Deutschland und in der Schweiz steigen die Treibstoffpreise.

Am 5.8.99: Das Auslaufen der russischen Überwasser-Schiffe alarmiert den Westen, weil unter deren Schutz die Atom-U-Boote unbemerkt mit auslaufen können. Diese U-Boote sind in der Lage auf den Boden des Meeres (Atlantik und Pazifik) abzusinken und können dann nicht mehr geortet werden; sie würden dort Monate lang auf ihren Einsatzbefehl warten.

Anmerkung: Die derzeitige Moral sowie der Ausbildungsstand der russischen Truppen scheinen für eine derart anspruchsvolle Variante wenig geeignet.

Jelzin tauscht den KGB-Offizier Stepaschin gegen den Oberst Putin aus. Daraus ergebe sich die Frage, ob der Kriegsbeginn nun verschoben wird oder ob es sich um eine "Maskerowka" (Täuschungsmanöver), eine Drohgebärde, handelt.

Putin, nunmehr mächtigster Mann im Kreml, trägt den Beinamen "der Deutsche", weil nicht nur er deutsch spricht sondern, wie er betont, auch seine Kinder. Ein unerschrockener Mann mit Charakter, denn er wird mit seiner Vorliebe für die Sprache der ehemaligen

"Feinde" nicht überall im Reich der Russen Freunde finden.

Eine neue Chance für die Deutschen, wenn sie diese wahrnehmen wollen oder dürfen. Die Voraussetzungen für eine endlich fällige Gemeinsamkeit sind in unserer Regierung wieder einmal alles andere als gut: Zu viele Freimaurer, ziu wenig Leute mit Verstand, Rückgrat und gutem Willen; die Lust der deutschen Macher ist gen Westen fixiert. Wie gewünscht.

Alles zusammen hätte eigentlich zum apokalyptischen Harmageddon führen können.

Oder alles nur Theaterdonner, der von Wichtigerem ablenken soll?

Von irdischen Regierungen verwirklichte Pseudo-Apokalypse:

Der Krieg gegen den Irak 1991, der als saubere Kriegführung die Medien beherrschte, in Wahrheit aber ein verbrecherischer Missgriff war.

Wie in der Geheimen Offenbarung wurden Wasser, Luft und Boden verseucht, die Bewohner zu qualvollem Siechtum und zu andauernden Missbildungen verurteilt. Bejubelt die "chirurgisch präzisen Angriffe" mittels "intelligenter" Bomben, verschwiegen das in der "Operation Wüstensturm" verbreitete Gift in Form von "abgereichertem Uran" in 95.000 Tonnen abgeworfener Bomben.

An der Verstrahlung, bekannt unter dem "Golfkriegssyndrom" leiden auch 230.000 amerikanische und britische Kriegsveteranen, die vielleicht doch mit Absicht, allein durch die Handhabung der Waffensysteme, geschädigt wurden. Die Veteranen erkranken allmählich an verschiedenen Krebsarten wie Leukämie und Nierenfunktionsstörungen und sterben an Infektionskrankheiten (Journal Franz Weber, Juli/Aug/ Sept. 1999).

Neben Napalm verwendet die führende Weltmacht Aerosolbomben sowie chemische und biologische Waffen wie sie auch von armen Ländern herstellbar wären. Was bei letzteren selbstverständlich mit allen Mitteln der "Wertegemeinschaft" unterbunden wird.

Massenvernichtungsmittel, ausreichend zum tausendfachen Auslöschen alles irdischen Lebens, darf nur im Besitz von Auserwählten sein. Auf der damit ausgeübten Bedrohung, man sollte sie globalen Terror oder *die* Globalisierung nennen, steht und fällt die Macht der Mächtigen.

Atomwaffen sind bei denen, die sich den "guten Kräften" zugehörig wähnen, erlaubt, die anderswo, bei weniger Einflussreichen natürlich des Teufels sind. Auf dem nahen Balkan, im sogenannten Kosovo-Krieg, ist es gelungen, Deutschland mit einzubeziehen - in ein Schlachtfeld, auf dem, wie erst jetzt bekannt wurde, giftige Rückstände hinterlassen wurden, die auch die Friedenshüter der NATO krank machen können.

Uns alle aber hat man eingebaut in eine Allianz des Bösen.

Versehentlich, so ist zu vermuten, ging eine Nachricht über den Äther, wonach die Luftstreitkräfte der USA, im Kosovo 30.000 Schuss des giftigen abgereicherten Urans verfeuert haben. Nun sind wir selbst am weit in die Zukunft wirkenden Gift mitbeteiligt. Nicht nur an Minen und Streumunition, die noch täglich Opfer fordern.

Das biblische Harmageddon ist auf erschreckende Weise herausgefordert.

"Man ist entweder auf Seite derer, die töten, oder mit denen, die getötet werden". Was ein spanischer

Staatsmann (Aznar) zu den ETA-Terroristen meint, könnte nach neuestem Politikverständnis auf die EU und die NATO zutreffen.

Das Beispiel Österreich erschreckt, wegen des massiven Aufgebots der selbsternannten "Guten", die eine vom Volk gewählte Partei verhindern wollen.

Haider selbst ist eine Herausforderung, allein durch sein Erscheinungsbild steht er für Offenheit und Klarheit; ein wahrhafter Rassismus, der ihm entgegenschlägt. Seine Fehler, oder was man dafür hält, erregen offenbar erst an zweiter Stelle.

Die damit einhergehende Schmähung der Wähler ist nicht zufällig, sie ist gewollt.

Vorerst noch ein Wink mit dem Zaunpfahl, der sich verinnerlichen soll: Wer nicht richtig tickt, soll mit Bomben rechnen müssen. Ob die Drohung bei allen Deutschsprachigen weiterhin wie gewünscht, ankommt?

Eingriffe

5.Mose, 13: Wenn ein Prophet oder Träumer unter euch aufsteht und dir ein Zeichen oder Wunder ankündigt und das Zeichen oder Wunder trifft ein, von dem er dir gesagt hat, und er spricht: Lass uns anderen Göttern folgen, die ihr nicht kennt, und ihnen dienen, so sollst du nicht gehorchen den Worten eines solchen Propheten oder Träumers; denn der HERR, euer Gott, versucht euch, um zu erfahren, ob ihr ihn von ganzem Herzen und von ganzer Seele liebhabt.

Ketzerische Frage: Wie kann man einen "Gott" liebhaben, der seinen Geschöpfen keine Grausamkeit erspart? Ihn nur fürchten müssen, wäre eines Gottes, nach unserem Verständnis, nicht würdig.

Was ist vorgegangen, das zumindest einen Aufschub, wenn nicht gar eine Annullierung aller einschlägigen Offenbarungen bewirken konnte? Diverse Schutzmächte aus einer anderen Wirklichkeit?

Es fällt zunehmend schwerer, an die Vernunft irdischer Potentaten zu glauben, die da zu besserer Einsicht gelangt sein könnten. Deren Fähigkeiten, Täuschungsmanöver durchzuführen, noch mehr, noch wirksamer zu lügen, bestehen weiterhin. Lichtgestalten für ein neues Zeitalter stellt man sich anders vor; vergeblich bisher das Warten auf sie.

So ziemlich alle Inhaber der Macht, nicht nur in der Politik, weisen vielmehr Defizite auf, die sie ungeeignet erscheinen lassen für eine über das politische Allerlei hinausreichende Qualität, oder gar für eine kosmische Zusammenarbeit.

Ein neues Zeitalter, das aus dem des Kaliyuga, der Epoche des Eisens herausführt, bedarf einer Elite, die verantwortungsvoll führt - vor allem weg von Korruption und dem Austragen von Meisterschaften im Lügen. Im Volke, dem untergeordneten, ist mehr Aufnahmebereitschaft für die Öffnung zum Kosmos festztustellen als bei denen, die sich anmaßen, die Menschheit führen zu dürfen.

Kriegsverhindernde Eingriffe, von wem auch immer, liessen am 13. Mai 1984, ein riesiges Arsenal an Atomwaffen und Raketen der UdSSR bei Murmansk in die Luft fliegen. Auch die vielen Munitionslager, Fabriken, Kraftwerke und Transporte, die in und um Rußland explodierten, sind nicht alle zufällige Ereignisse oder einfach Ergebnisse von Schlamperei.

Vermutlich gehen Eingriffe aus dem Anderswo so weit, daß vorbereitet wirkende Kriege wie die in Vietnam, Kambodscha, Korea, Afghanistan, Iran und Jugoslawien in eine Schwächung der Supermächte umgesetzt werden können.
Zumindest haben sich die Aggressoren als Kräfte des Bösen zu erkennen gegeben. Ein Verlust an Ansehen, das nicht auf das Irdische beschränkt bleiben muss. Nicht einmal nachhaltige Verängstigung konnten diese "Befreiungskriege" bei den Bekriegten ausüben.
Die von den Supermächten dabei gewonnenen Erkenntnisse auf allen möglichen Gebieten der Waffentechnik und der psychologischen Kriegführung lassen sich gegen sie, die Urheber, kehren.
Eine weitere Merkwürdigkeit: Die oft unglaubliche Steigerung der Kampfmoral durch nicht immer unbekannt gebliebene Mittel aus den Labors, aber auch allgemein aus andersartigen Gründen.
Die überfallenen, in der Regel dürftig ausgerüsteten Völkerschaften, bäumten sich zu erstaunlichen Kampfleistungen auf.
Wie das tägliche Wettergeschehen nahm die Weltöffentlichkeit den Überfall der USA auf das ferne Vietnam hin, das in keiner Weise die Sicherheit Amerikas bedrohte. Kein Weiser, kein Papst, kein Staatsmann, kein Literat forderte Bestrafung amerikanischer Kriegsverbrechen. Wenigstens verzichtete die US-Regierung auf die Behauptung, das Volk der Vietnamesen wollte "befreit" werden.

Der gelegentlich irrational anmutende Aus- und Aufbruch islamischer Völker, muss nicht zufällig sein und reicht ebenfalls ins Ominöse, in psychotronische Beeinflussung aus Bereichen des Unfassbaren.

Die Eingriffe einer All-Intelligenz, einer göttlichen Schöpferhierarchie, reichen natürlich bis in die Erschaffung der uns bekannten Welt zurück. Unser Planet, einer von Milliarden bewohnbarer Himmelskörper, ist biofreundlich aufbereitet worden, nicht etwa als Zufallsereignis entstanden.

Allein schon die Neigung der Erdachse, die zusammen mit dem Mond diese stabilisiert und so Jahreszeiten und damit das Leben ermöglicht, das wir führen, ist Beweis genug, dass wir in einer geordneten, von überlegener Kraft regierten Welt leben.

Nicht das Chaos, wie nicht wenige es gerne hätten, ist über uns.

Das Ungeordnete begünstigte die Ellbogen-Gesellschaft, deren Ende nahe ist. Noch raffen organisierte Chaos-Abhängige, wollen Ernte einbringen, wo sie, wenn überhaupt, meist nur Unrat gesät haben.

Philosophische Erkenntnisse sind ebenso von aussen hereingeflossen wie Veränderungen in der Erbsubstanz in höheren und niederen Kulturformen, so zum Beispiel beim Mais, der nach altem Wissen der Indianer, "zur Erde herab" kam.

Was der Ernährung und dem Zusammenleben der Menschen auf Erden diente, sind Eingriffe aus dem Anderswo, keineswegs billigen Mythen entstammende Torheiten.

Zweifel, die da ausgetragen werden, dienen der geistigen Auseinandersetzung, somit der Höherentwicklung; sie gehören zu uns wie vieles an vorgeblichen oder echten Ungereimtheiten.

Vordergründiges Heil ist mit kommunikativer Einflussnahme von außen nicht in jedem Falle zu erwarten, wohl aber ein Anstoß zur Verhinderung von Untergangsszenarien, wie sie vielfach offenbart, jedoch nicht eingetroffen sind.

Und was uns sonst erspart geblieben sein mag.

Die uns bekannte Schöpfungsgeschichte beginnt mit der Erschaffung des Lichts; die Mythen der Völker berichten von Lichtgöttern, die im Kampf mit den Mächten der Finsternis stehen.

Die Wellentheorie von Huygens und die elektromagnetische Variante von Maxwell münden in die Relativitätstheorie und in die Quantenphysik ein. In diesen wird das Licht neben materiellen Teilchen durch in Raum und Zeit veränderliche Wellenfelder beschrieben.

Das Energiequantum des Lichtes ist ein Photon; zusammengenommen gelten sie als Energiequanten, die Informationen aufnehmen und umsetzen können. Was im Endeffekt Bewusstsein bedeutet - eben das, was dem Hermes-Prinzip entspricht, und von der Ergänzung des Mikrokosmos zum Makrokosmos kündet.

Nach "Kundgaben aus dem Jenseits" im Jahre 1996, soll unser Sonnensystem in eine riesige Lichtformation, in einen Photonengürtel eintreten, der uns in eine neue Dimension transportieren und zu "höherer Lebensform" verhelfen soll.

Samt Erde würde dabei das Sonnensystem in eine, dem Sirius nahe Himmelsregion versetzt.

Das Phänomen der Photonen oder Lichtteilchen, die eine riesige Ringstruktur formen können, ist erstmals via Satelliten der NASA in der Nähe des Sternbildes der Plejaden (Siebengestirn) entdeckt worden.

Der Astronom Edmund Halley (ein von ihm entdeckter Komet trägt seinen Namen) berichtete bereits Anfang des 18. Jahrhunderts von drei sich erkennbar verschiebenden Sternen in den Plejaden, die auffallend andere Positionen zur Zeit der alten Griechen einnahmen und entsprechend eingeordnet worden waren.

Ein Jahrhundert später konnte der deutsche Astronom Frederick Wilhelm Bessel die erhebliche Positionsverschiebung der drei Sterne bestätigen: Sie hatten sich innerhalb von 100 Jahren um 5,5 Bogensekunden versetzt!

Das Erkennen dieser Phänomene ist ebenso einem kosmischen Eingriff zu danken.

Paul Otto Hesse entdeckte dann rund um die Plejaden einen gigantischen Photonenring mit einem Durchmesser von 2000 Lichtjahren (18.846 Billionen Kilometer)! So ist erstmals die Urgewalt erkannt worden, die von winzigen Lichtteilchen ausgeht, wenn sie sich "formieren" zu einem schöpferischen Ring, der wiederum Welten bewegen kann: Die Entstehung eines Makrokosmos aus dem Mikrokosmos.

Darüberhinaus zeigt sich in jedem Elektron ein Träger des universalen Wissens. Eine Erkenntnis, die dem gemeinen Volke nicht mehr verborgen bleiben muss. Wie der französische Mathematiker Jean E. Charon dazu feststellt:

"Jedes Teilchen, wie sie zusammen unseren Körper bilden, besitzt für sich allein schon die Gesamtheit der Information, deren Inhalt alle Eigenschaften unseres Geistes bestimmen".

Entsprechend ist das Weltall vernetzt mit Informationen in Energieteilchen, die irgendwo angestossen, etwas in einer fernen Galaxis in Gang setzen können. Mit intelligent formierter geringer Energiemenge wären gewaltige Kräfte auszulösen, die geeignet sind, Monde, Planeten und Sonnensysteme zu ändern, zu versetzen oder umzugestalten.

In Händen einer geistig-moralisch unterbelichteten Zivilisation möchte man die Fähigkeit zu einem derart weitreichenden Umgang mit den Kräften des Photons, lieber nicht sehen.

Da wäre eine Sperre, eine Ausgrenzung angebracht, für Unreife, für Anwender von Massenvernichtungswaffen, für selbsternannte Vollstrecker des Harmageddon.

Wir Erdlinge stehen zumindest an der Schwelle zu ausserirdischen Veränderungen, zu dem, was Astrophysiker unter Terraforming, unter schöpferischen Maßnahmen auf Planeten, Monden und Asteroiden, ja auch die Fähigkeit zum Bau bewohnbarer Siedlungen im All, verstehen.

Der Naturwissenschaftler und Science-Fiction-Autor Isaac Asimov nimmt bereits eine überraschende Lösung des menschheitlichen Energieproblems vorweg. Es wäre ja nicht das erste mal, daß in Zukunftsromanen physikalische Fakten und Erfindungen, lange vor deren Realisierung dargestellt werden.

Der Denker in die Zukunft sieht die mögliche Nutzung eines Schwarzen Loches im Kleinformat als die einfachste Art eines natürlichen, problemlosen Fusionsreaktors zur dauerhaften Energieversorgung für die Erdbewohner.

Nachzudenken wäre auch über das alljährlich sich verändernde Ozonloch, das fernab von der dicht besiedelten Nordhalbkugel, ausgerechnet am Südpol und im nahen Australien, die negativste Wirkung zeitigen soll. Gelegentlich dräut die Ausdünnung der schützenden Ozonschicht über nördlichen Gefilden, wo es doch aufgrund des massiven Einsatzes von Aerosolen, eigentlich hingehörte. Darf da - bei Zeus -, nicht an Sanierungs-Eingriffe von ausserhalb, gedacht werden?

In wenigen Jahrzehnten, nicht erst in Jahrmillionen, wären wir selbst in der Lage, andere Himmelskörper für Wohnstätten der Erdbewohner aufzubereiten. Es bietet sich an erster Stelle der Mond für eine Besiedlung an, auf dem bereits Wasser in Form von Eisdepots geortet werden konnte.

Obwohl alle Voraussetzungen auf und vor allem im Inneren des Mondes gegeben sind, steht er nicht mehr zur Debatte, nicht einmal für Versuchsstationen. Zumindest nicht in absehbarer Zeit.

Das ist mehr als verwunderlich, denn geplant wurde eine Kolonisierung und eine wirtschaftliche Nutzung bereits vor dem Mondlandeprogramm der NASA in den 60er Jahren. Warum blieben reihenweise Aufnahmen vom Mond unveröffentlicht, die während der Mondlandeunternehmen getätigt wurden, wie auch der Sprechfunk von Astronauten, der im NASA-Zentrum damals ankam und natürlich aufgezeichnet werden konnte?

In den Jahren vor der Mondlandung sammelte die NASA tausende von Licht- und Flugkörper-Erscheinungen auf dem Mond, über die noch öffentlich geschrieben werden durfte. Danach ist den Astronauten untersagt worden bei Strafandrohung, etwas verlauten zu lassen, was als geheim eingestuft ausgewiesen wurde und Sichtungen von Flugobjekten und Konstruktionen auf dem Mond betraf. Ein Blick in das Innere des Mondes ergab sich ohnehin nicht.

Ein "Moongate", das nur Handverlesenen offenbar werden soll? Nachvollziehbar ist jedenfalls nicht, warum eine kostspielige internationale Raumstation auf Erdumlaufbahn errichtet wird, wenn mit dem gleichen Aufwand eine feste Station auf der Mondoberfläche zu erbauen wäre, die den grossen Vorzug hätte, dass sie in die Tiefe fortgeführt werden kann und eine vielfach längere Lebensdauer aufwiese als ISS (s. "Mann im Mond" ISBN 3-89478-146-7, 1997)

Unser Mond weist Qualitäten und Zusammenhänge auf, die uraltes Geheimwissen bergen, aber den herrschenden Schichten äusserst unangenehm sein müssen:

Er ist nicht auf "natürlichem" Wege dorthin gelangt, wo er sich für die Stabilisierung des Planeten Erde exakt befindet. Das bedeutet, dass er zumindest im Inneren bewohnbar sein kann, von Leuten, die ihn hergeführt und ausgebaut haben. Mehr noch: Er wird wahrscheinlich von höher entwickelten Zivilisationen als Lande- und Durchgangsstation nach Belieben, ohne Genehmigung irdischer Behörden genutzt.

Daraus erklärt sich die vornehme Zurückhaltung in Sachen Mond, der von den Mächten der Erde nicht kolonisiert werden kann. Sie hoffen wahrscheinlich auf eine "Bereinigung" mit Hilfe eines echten oder inszenierten Harmageddons unter selbstgeschaffenen Bedingungen wie im Irak und im Kosovo erfolglos erprobt und provoziert.
Für wie albern, ja dumm, werden von den irdischen Verantwortlichen überlegene
Zivilisationen eingestuft? Sie, die irdischen Macher, werden viel lernen müssen.

Feldpost

Shakespeare, Richard III.:

> "Ich tue das Üble, schrei dann selbst zuerst: das heimlich Böse, das ich angerichtet, leg ich den andern dann zur Last.und so bedeck ich meine nackte Bosheit mit gestohlenen Flicken aus heiliger Schrift und schein ein Heiliger, wenn ich Teufels Werk betreibe."

Die prophetischen Feldpostbriefe des Soldaten Andreas Rill aus dem 1. Weltkrieg geben die Weissagungen eines wissenden Franzosen wider. Der bayerische Landwehrmann Rill schildert in seinem 2. Feldpostbrief vom 30. 08. 1914, den Franzmann als einen vielseitig Begabten, der mehrere Sprachen spricht. Er sei ein "sonderbarer Heiliger", der gar behauptet, daß uns das verbündete Italien verraten und bald den Krieg erklären würde.

Wir, die Deutschen, würden heute noch die Gewehre wegwerfen, wenn wir wüssten, was uns alles bevorsteht. Das Reich der Deutschen werde besiegt und ausgeraubt wie auch in einem folgenden zweiten Weltgeschehen:

Wer über das fleißigste Volk verfügte, könne lange Zeit die Weltherrschaft ausüben.

England werde trotz militärischem Sieg arm und ohne Macht dastehen.

Das zerrissene Deutschland stünde viele Jahre frei zur Ausbeutung. Bald aber würden die Sieger "in das gleiche Ziel" kommen wie die Besiegten. Der "Mann mit dem Zeichen" sei verschwunden und niemand wisse, wohin. Haben Interessierte solchen Hinweis ernst genommen?

Wenn damit Hitler mit dem Hakenkreuz gemeint sein sollte, rückt das den steten massiven Druck auf Deutschland durch die Siegermächte und deren Medien möglicherweise in ein neues Licht.

"Zum Schluss der Teufelszeit", so der prophetische Franzose, würden die Sieger den Besiegten um Rat und Hilfe bitten müssen. Eine tröstliche, wenn nicht gar beglückende Aussicht für die Erdbewohner, denn damit bliebe das Kriegerische und Rachsüchtige im Anbruch des neuen Jahrtausends ausgeblendet - wie auch die Willkür martialischer Sieger.

Letzteren stehen erkennbar keine guten Zeiten bevor.

Durch zwei Dreißigjährige Kriege von dramatischen Erfahrungen heimgesucht, fänden die Deutschen allgemein keinen Gefallen an billiger Rache. Wahrscheinlich das einzige Volk auf Erden, das weitgehend frei wäre von solcher Versuchung. Diese Prophezeiung möchte man gerne verwirklicht sehen.

Freilich, die globalistisch dominierte *political correctnes* mag derartige Gedankenspiele kaum und schon gar nicht deren etwaige Umsetzung in die Realität.

Der Feldpostbrief soll nachweislich echt sein; er enthält eine der äußerst seltenen Prophezeiungen, die noch zur Verwirklichung anstehen sollten.

Als politisch unkorrekt beurteilte auch die Kirche die Apokalypse des Heiligen Johannes in den ersten Jahrhunderten und verhinderte die Verbreitung des Textes bis er später in das Neue Testament aufgenommen werden durfte.

In unserer Zeit fand das jüngste Gericht Eingang in die Tempel Hollywoods, in den Action-Film "Armageddon". Für viele Menschen ist das biblische Harmageddon ein Synonym für Weltuntergang, für die meisten Christen die vage Endzeitdrohung eines immerfot zürnenden Jahwes, - ein Albtraum der Gläubigen.

Die meisten Forscher vermuten hinter Harmageddon, den älteren Begriff Harmigeddon, was so viel wie "Berg Megiddo" heisst. Im hohen Maße geschichtsträchtig ist die Gegend allemal, was allein schon die Ausgrabungen beweisen. Die Stätte, 30 Kilometer südöstlich der Hafenstadt Haifa anzutreffen, entspricht jedoch nicht der biblischen Ortsbeschreibung; in der Ebene Megiddo gibt es keinen Berg! Bewohnt war sie nachweislich bereits viertausend Jahre vor der Zeitrechnung und galt als strategisch wichtig für die streitbaren Herrscher in der Region.

Wen also wunderts, wenn von hier aus der finale Atomkrieg ausgehen soll.

Zumindest sehen einige Potentaten der Gegenwart in Harmageddon eine Entscheidungsschlacht, die zur Weltherrschaft führen soll.

Dazu sind wieder einmal die üblichen Feindbilder zu schaffen, koste es, was es wolle. Es lag nicht in der Natur des Menschen Kriege zu führen, in Schlachten zu töten, was als Feind gilt. Es war die schlimmste Barbarei des Krieges, Menschen zu zwingen, gemeinschaftlich zu morden. Von der sonst so viel gepriesenen Individualität her, ist der Mensch nicht vorgesehen für das anonyme Schlachten. Dazu bedurfte es der Massensuggestion, der Umerziehung mit allen Mitteln der Propaganda. Keineswegs eine Erfindung von Mitteleuropäern.

Ernest Hemingway, der amerikanische Schriftsteller, erschoss während des zweiten Weltkriegs wehrlose Kriegsgefangene auf offener Strasse, nur weil sie Deutsche waren; von ihm stammt aber auch der Ausspruch: "In der modernen Kriegsführung gibt es nichts Romantisches oder Schönes an Deinem Sterben. Du wirst wie ein Hund enden, und das ohne guten Grund".

Ein Literat, der gegen die allgemein gültige "correctness" in unserer Gegenwart verstoßen sollte, darf von Amts wegen weder Sympathie noch Nobelpreis erwarten.

Günter Grass begriff noch zur rechten Zeit, worauf es ankommt:

Zwei Jahre vor der Verleihung des Nobelpreises schämte er sich vor türkischen Schriftstellern so auffallend über Deutschland und die Deutschen, so daß die Entscheidungsgremien zur Einsicht kamen. Er wurde nicht nur vorgeschlagen, er durfte den Preis in Empfang nehmen. Grass ist wegen seiner schriftstellerischen Leistung und Qualität sicher zurecht ausgezeichnet worden - nicht wegen charakterlicher Eigenheiten. Warum soll ein Bändiger der Schrift und der Worte, ein Künstler eben, nicht mit zeitgemässer Schläue aufwarten?

Ein moderner Prophet namens Paco Rabanne, seines Zeichens Modedesigner, sah für die Zeit der totalen Sonnenfinsternis, mehrere französische Städte von Trümmern der russischen Raumstation MIR getroffen. Er, der Esoteriker aus Überzeugung wollte sodann

kein Modeschöpfer mehr sein. Das von ihm prophezeite und nicht eingetroffene Ereignis traf Rabanne so
sehr, daß er sich auch von seinem Beruf verabschie-
den wollte.

Schlagartig weltweit bekannt geworden, sollen seine
Umsätze nun gewaltig angestiegen sein.

Zur Ehre Rabannes dürfen wir annehmen, daß ihn
kein Selbstmitleid befiel, obwohl er sich von allen guten Geistern verlassen fühlen musste. Den geschäftli-
chen Erfolg konnte er nicht voraussahnen. Er ist ihm in
den Schoß gefallen. Sozusagen als Ausgleich für die
erlittene Enttäuschung, wenn nicht gar Irreführung.

Über Paco Rabanne: Er soll seine früheren Inkarnati-
onen gesehen und Astralreisen erlebt haben. Nach
eigenen Angaben, war es nicht seine Idee gewesen,
Modeschöpfer zu werden; "die oben haben entschieden". Paco erkannte und nahm an.

Irgendwie trafen die Gesichte des Paco Rabanne,
das, was er "gesehen" hatte, schließlich doch zu: Die
Trümmer in französischen Städten wie auch in Paris
verursachten die Orkane in den letzten Tagen des
Jahres 1999. Vielleicht war der Prophet der Moderne
zu sehr auf die Raumstation MIR fixiert, die ohnehin
so viel Schaden nicht hätte anrichten können.

Hale Bopp und die Sternschnuppen

Prophet Sacharja, 5:

> Und ich hob meine Augen abermals auf und sah,
> und siehe, da war eine fliegende Schriftrolle. Und er
> sprach zu mir: Was siehst du? Ich aber sprach: Ich
> sehe eine fliegende Schriftrolle, die ist zwanzig El-

len lang und zehn Ellen breit. Und er sprach zu mir: Das ist der Fluch, der ausgeht über das ganze Land; denn alle Diebe werden nach dieser Schrift von hier ausgefegt und alle Meineidigen werden nach dieser Schrift von hier ausgefegt.

Nikomachus von Gerasa; Arithmetica 1, 6 (ca. 100 n. Chr.):

Das Universum scheint .... durch weise Voraussicht des Schöpfers aller Dinge nach Zahlen geordnet und eingerichtet. Denn es liegt ihm ein Muster zugrunde, einer Skizze gleich, das durch Zahlen festgelegt ist, die vor allem Anfang im Geist des weltschaffenden Gottes existiert haben.

Im September 1999 sollte nach Berechnungen von Astronomen der NASA, ein Meteoritenschauer auf die Erde niedergehen wie es ihn seit 30 Jahren nicht mehr gegeben habe. Bei allen Institutionen, die Satelliten auf Erdumlaufbahn betreiben, ein gefürchtetes Ereignis.
Von einschlagenden Brocken aus dem Himmel oder wenigstens beschädigten Satelliten hat man aber nirgendwo etwas vernommen. Ein Sternschnuppen-Ereignis eben, wie es oft genug zu bewundern war. Kaum jemand erinnert sich an die Meldung vom 28.April 1997, derzufolge zwei größere Asteroiden Kurs auf die Erde genommen haben, die allein bei einer Annäherung große Schäden verursachen würden. Wer oder was hat sie umgelenkt?

Zur Untersuchung von Einschlagskratern durch Meteore können die von ihnen mitgebrachten Metalle und Mineralien mit Hilfe neuer Radargeräte in den Tiefen des Erdmantels nachgewiesen werden. Mit derartigen Geräten an Bord, fanden Forschungsflugzeuge der

NASA die legendären und verlorengegangenen Ruinen der antiken Millionenstadt Ankor mitten im Urwald
im Norden Kambodschas. Das Spezialradar an Bord
einer DC-8 spricht auf menschliche Überreste an; das
seit 1911 nicht mehr untersuchte Gebiet soll damit er-
forscht werden.
Über dem Irak und sicher auch anderswo, erprobten
die USA und Israel Radargeräte, mit denen unterirdische Einrichtungen in bisher unerreichten Tiefen auf-
spürbar sind.

Apokalypse hin und düstere Prophezeiungen her - die
Gefahr von Asteroiden-Einschlägen auf der Erde, soll
seit 1994 "größer gewesen sein als man vermutete",
trotzdem ist uns keiner auf den Kopf gefallen. Seit
Jahrtausenden sind Menschen offenbar nicht direkt
von Meteoriten etc. getroffen worden. Die luftige Pols-
terung um die Erde könnte bei "günstigem Eintritts-
winkel" dennoch von weniger gewaltigen Himmelskörpern durchschlagen werden. Das Wunder der irdischen Lufthülle, und wer weiß, was sonst noch, haben
uns vor Aufsturzschaden aus dem All bisher bewahrt.

In den fortgeschrittenen Zivilisationen der Erde, wird
an Raumsonden zur Beobachtung von Asteroiden und
Kometen gearbeitet, was mittelfristig zur Untersuchung und schließlich zu einem Abwehrsystem führen
soll.
Raumsonden, die bereits zur Erkundung von Himmelskörpern gestartet wurden:

"Near Earth Asteroid Rendezvous" (USA) am 17.2.
1996. Berichtet wird von einem Vorbeiflug am Asteroiden "Mathilde"; seine Umlaufbahn um den Asteroiden "Eros" erreichte die Sonde aber nicht. Ein weite-

rer Versuch für den Umlauf ist noch im Jahre 2000 geplant.

"Deep Space 1" am 24. 10. 1998 (USA); Vorbeiflug der Sonde am Asteroiden

"Braille" am 28.08.1999. Bei einer vorgesehenen Verlängerung des Unternehmens, wären Vorbeiflüge an den Kometen >Wilson-Harrington< und >Borrelly< möglich.

"Stardust" (USA), am 07.02.1999; bei einem Vorbeiflug am Kometen "Wild-2" sollen Staubpartikel eingefangen und auf der Erde untersucht werden.

"Smart-1", eine europäische Raumsonde, soll im Jahre 2001, von der Raumfahrtbehörde Europas gestartet werden.

"Near Earth Asteroid Prospector" soll bereits in 2000 von den USA als erste kommerzielle Asteroidenmission verwirklicht werden; die gewonnenen Messdaten will man an Forscher verkaufen.

"Muses-CN", geplant in Japan für Januar 2002, soll im Jahre 2003 mit einem Minifahrzeug auf einem Asteroiden landen und Bodenproben nehmen.

"Rosetta", Start am 23.01.2003 (Europa) mit Vorbeiflug am Mars 2005 und zwei Asteroiden in den Jahren 2006 und 2008, dann Umlaufbahn um den Kometen Wirtanen und Landung auf ihm in 2011.

"Deep Impact", noch vor 2004 (USA, Studienprojekt)), soll mit einem 500kg schweren "Impaktor" auf den Kometen >P/Temple-1< einschlagen.

Sollten nicht auch die Kometen Hyakutake und Hale Bopp unseren blauen Planeten bedrohen? Wie andere Himmelskörper, so konnte Hale Bopp mit Geräten unserer Hochzivilisation erkannt und geortet werden. Es nimmt deshalb Wunder, warum der Himmelsbote von seinem Kurs abkam, der doch so schön vorausberechnet war.

Eine Sternwarte in Texas sichtete hinter dem Kometen ein Objekt, das dem Ringplaneten Saturn ähnlich sah, etwa viermal größer als die Erde gewesen sei und eigene Leuchtkraft besessen habe. Sogar modulierte radioelektrische Wellen gingen von dem Objekt aus. Ein Objekt, das es so nicht geben darf.

Aufregung verursachte in den USA ferner eine Aufnahme der Hubble-Sonde im Oktober 1995, auf der eine von Hale Bopp ausgehende Materiewolke zu sehen war. Nach gängigem Physikverständnis durfte es wegen der noch zu großen Entfernung von der Sonne eine solche Wolke nicht gegeben haben. Ein Wissenschaftler des Jet Propulsion Laboratory, Zdenek Sekanina, soll drei Jahre nach Erscheinen des Kometen, einen begleitenden Satelliten von 30 km Durchmesser aufgrund von Auswertungen der Aufnahmen des Hubble-Teleskops festgestellt haben. Der Satellit des Hale Bopp bewegte sich in einem Abstand von 160 bis 210 km um den Kometen.

Einige der Anomalien des Kometen liessen sich so durch den Einfluss des unbekannten Himmelskörpers erklären. Nicht nur Laien mutmaßten damals die Präsenz eines Raumschiffes unbekannter Herkunft, das den Kurs von Hale Bopp verändern half.

Mit dem Teleskop SWAN in der Sonnensonde "Soho", ist die von Hale Bopp bei Annäherung an die Sonne (vor 2 Jahren) ausgestoßene Menge an Wasserstoff zu messen. Der Komet konnte die UV-Strahlung fast vollständig absorbieren und hinterliess einen 150 Kilometer langen "Schatten" vor diesem Hintergrund. Pro Sekunde soll der Komet 300 Tonnen Gas abgegeben haben.

Hubble, das Weltraum-Teleskop, ist Ende Dezember 1999, auf Erdumlaufbahn von NASA-Experten repariert und neu ausgerichtet worden.
In den USA verdächtigte das Volk die NASA, sie habe Aufnahmen der Sonde Galileo von dem Kometen, nicht freigegeben. Dummes, böses Volk.

Aus Japan berichtete man ebenfalls von einem, den Kometen begleitenden Objekt, das photographisch erfasst, sich aber schliesslich nach offiziellem Stirnrunzeln als bedauerlicher Filmfehler zu erkennen gab. In frischer Erinnerung war bei den Amerikanern noch der Film "Independence Day", so ergab sich eine Art Invasionspsychose, die wochenlang andauerte, und wovon in Europa kaum jemand Kenntnis nahm.
Oder ist da eine globale Intelligenz am Werk, die Informationen dieser Art regional-selektiv behandelt? Warum Hale Bopp vom berechneten Kurs abkam? Ist er rein zufällig durch den plötzlichen Ausstoß von großen Materiemengen umgelenkt worden. Oder etwas/jemand verursachte eine Zündung am Kopf des Kometen; ein umlenkender Austrieb (s. 2.und 3. Schweif) änderte seine Bahn. Sind damit apokalyptische Offenbarungen zunichte gemacht worden?
Ist das biblische Harmageddon, ein Ort, ein Berg oder eine Ebene, nicht auf der Erde, sondern außerhalb zu finden? Die Ortsangaben in der Bibel legen eine Landschaft außerhalb der Erde zumindest nahe.
Eisklumpen aus Flugzeugen zerschlugen dagegen schon Autos.

Die Einschlaghäufigkeit von Asteroiden (nach Chapman und Morrison) mit einem Durchmesser von 50 Metern: einmal in 200 Jahren, mit 500 Metern einmal in 50.000 Jahren und mit 1 Kilometer einmal in 300.000 Jahren.

Ein von italienischen Wissenschaftlern (Universität Pisa) entdeckter Asteroid mit einem Durchmesser von 800 Metern befinde sich auf Konfrontationskurs zur Erde. Mit einer Wucht von 50.000 Wasserstoffbomben würde er auf unserem Planeten einschlagen - aber erst in 22 Jahren. Zeit genug, um den unheildrohenden Brocken unschädlich zu machen. Von wem auch immer.

Eine Super-Nova in unserer Galaxis, könnte, wie berechnet, allein durch seine explosionsartige Aussendung harter Strahlen, Magnetfelder und Schwerkraftwellen unabsehbare Zerstörungen nicht nur in unserem Sonnensystem verursachen.

Nach einer Vision des amerikanischen Pfingstler-Pastors David Wilkerson träfe eine von Meteoriten verursachte Katastrophe besonders den nordamerikanischen Kontinent. Wie wir wissen, gibt es viele Sekten und Gruppierungen auf diesem Kontinent, die teils aggressiv, teils ergeben, dem Millenium mit Todessehnsüchten entgegensehen. Wir Europäer gingen eher zuversichtlich, zumindest gelassener in das mystische Jahr 2.000.

Folgt man der kabbalistischen Zahlenmystik und der in der Apokalypse beschriebenen Niederkunft des Antichrist, schlicht auch als das "Tier" apostrophiert, würden Personen auftreten, die den Teufel oder das Böse verkörpern.

Wegen der in seinem Namen und in seinen Firmenbezeichnungen sowie persönlichen Daten vorkommenden Zahl "666", einer Hieroglyphe des Unheils, wäre Bill Gates, der Software-Mächtige und Milliardär, der Mann auf den es ankommt. Was man sich weder an seinem Äußeren, noch an seinem Verhalten vorstellen kann.

Das allerdings lässt aufhorchen, fanden doch auch die Pharisäer Christus als einen Bösen. Herrscher, Päpste und andere, beschimpften ihre jeweiligen Gegner als Widersacher und den leibhaftigen Antichrist, der oder die durch Gottes Strafgericht zu vernichten seien.
Wie erwähnt, besonders in den Jahren der Endzeit 666 und 1.000 sowie in den Dreißigjährigen Kriegen.
Antichrist war immer der jeweilige Feind.
Der Begriff hat sich abgenutzt, wenn nicht gar in sein Gegenteil verkehrt.
Die Gabe des Sehens in die Zukunft, worunter wir heute paranormale Begabung verstehen, ist in jenen Zeiten der Verfolgung und Inquisition bis hin zur Ausrottung dieser Art, ausgesetzt gewesen und unterbunden worden.
Zu unserem, der Menschheit Schutz, sind solche Eigenschaften "bis auf weiteres" nicht mehr im früheren Umfang aufgetreten.

In unseren Tagen wäre eine starke, globale Vernetzung wenigstens eine Voraussetzung für die Markierung des Antichrist, eines Menschen aus Fleisch und Blut. Mittels Hochtechnologie wäre die totale Herrschaft über die Erde zu schaffen?
Herangezogen wird dafür folgender Text aus der Apokalypse des Johannes:
"Und das Tier macht, daß sie allesamt, die Kleinen und die Großen, die Reichen und die Armen, die Freien und die Sklaven, sich ein Zeichen machen an ihre rechte Hand oder an ihre Stirn, und daß niemand kaufen oder verkaufen kann, wenn er nicht das Zeichen

hat, nämlich den Namen des Tieres oder die Zahl seines Namens. Hier ist die Wahrheit. Wer Verstand hat, der überlege die Zahl des Tieres, denn es ist die Zahl eines Menschen und seine Zahl ist 666."
Bill Gates, der Kandidat mit eben diesem dem Mal?

Ein deutsches Medium, Berta Dudde, meinte in den 60iger Jahren, daß der Antichrist mit Antimaterie experimentiere, der auch die Christen mit Gewalt verfolge. Bis hin zur alles reinigenden Schlacht auf Harmageddon, auch Har-Magedon benannt.
Dann würde der Weg frei gemacht für ein Goldenes Zeitalter, so um 2030.
Womit uns eine gute Weile des Abwartens, der Vorsorge, des Ängstigens und Hoffens verbliebe.

Angenehmer und deshalb leichter zu glauben, scheint die Verheißung des Propheten Joel im Alten Testament, nach der eine weltweite Ausgießung des "Geistes über alles Fleisch" geschehen werde. Eine geistige Erhöhung mit weitreichenden Folgen für alles, was recht und gut ist.

Die Menschheit muss ja nicht unbedingt zur Besserung ihrer selbst vernichtet werden durch aufstürzende Himmelskörper oder kriegerische Katastrophen. Um sie zu erhöhen im Sinne von mehr Geistigkeit und Liebe, sind Gewalttätigkeiten, auch nicht die der besonderen Art, vonnöten. Schon immer haben die weniger spektakulären, die sanfteren Kräfte menschlichere Entwicklungen zustande gebracht.
Nicht alle Raumfahrt treibenden "Götter" würden Menschliches unerträglich finden.

Über das Phänomen der Glaubwürdigkeit von Prophezeiungen stellte der Österreicher Alexander Gann

(1986) Untersuchungen an, in denen er die für Deutschland bestimmten Wahrsagungen zusammenfasste. Er kommt zu dem Schluss, daß die Grundlage für Voraussagen eine paranormale Begabung sei. Zur Zeit des Astronomen Johannes Kepler (1571 - 1630) unter "Fernwissen" bekannt, laufen solche Fähigkeiten und deren Förderung heute unter "Fernwahrnehmung". Sie ist erlernbar in Schulungskursen, die für 6.000 bis 10.000 DM angeboten werden.

Welch ein Fortschritt: Keine Inquisition kann mehr "aussersinnliche Wahrnehmung" als Teufelswerk verdammen und die also Begabten verbrennen lassen. Falsche Voraussagen beschädigen in unserer Gegenwart den Urheber lediglich an seinem Ansehen. Was heute "Image" heißt.

Mit der sogenannten Fernwahrnehmung müsste es möglich sein, vorhergesagten Ereignissen entgegenzuwirken; düstere Endzeitszenarien abschwächen und auflösen?

Darüberhinaus sollten wir ohne Brett vor dem Kopf, kosmische Gegebenheiten wie das Vorhandensein höher entwickelter Zivilisationen im nahen und fernen Weltraum hinnehmen. Dann dürften wir ohne Stirnrunzeln von "Berufenen", annehmen, daß Höherentwickelte technisch-wissenschaftlich, vor allem aber mental in der Lage wären, Gefahren von der Erde abzuwenden. Bis wir selbst es können.

Jetzt darüber reflektieren, ob wir hier, in der vergehenden Welt des Kaliyuga, gar in einer Scheinrealität leben; die irr anmutenden Begebenheiten um uns, geben kaum mehr Anlass zu Zweifeln. Echt ist die Welt nicht, in der wir leben - bestenfalls greifbar.

Auch die irdische Astrophysik plant schon lange das Umlenken von Himmelskörpern, die unserem blauen Planeten zu nahe kommen, ihn gefährden könnten. Planetengeologe Dr. Johannes Fiebag +, und der Astrophysiker Dr. Karl Grün arbeiten an einem Projekt zur "Suche nach ausserirdischen Artefakten", das vor allem auf ein mysteriöses Objekt zielt:

Es handelt sich um >CG9<, das Anfang 1999 entdeckt, die Sonne in Erdnähe umrundet. Entgegen normalen Umlaufbahnen zieht es eine Kreisbahn; alle Himmelskörper bewegen sich auf elliptischen Bahnen um das Zentralgestirn. Ähnlich verhalten sich auch die Objekte 1996 PW und 1991 VG.

Radarstrahlen werden bei 1991 VG nicht reflektiert!

Diese Besonderheit schliesst Asteroiden und irdischen Schrott auf Umlaufbahn aus - Eigenschaften also, die Dr. Robert Freitas für Kundschaftersatelliten aus dem All vorausberechnet hat, wie sie nicht von der Erde stammen können. Gemeinhin als Unidentifizierbare Flugobjekte apostrophiert. An solchen Flugscheiben versuchen sich natürlich militärische Einrichtungen auf der Erde selbst.

Wie das "Jet Propulsion Laboratory" in Pasadena feststellte, würde ein Flug zu >1991 VG< nur etwa ein Fünftel des Energieaufwandes erfordern, der für eine Mond-"Mission" notwendig wäre.

Wenn von der Erde schon Unternehmen zur Erkundung und möglichen Umlenkung von Himmelskörpern durchführbar sind, um wieviel mehr von fortgeschrittenen Zivilisationen im Extraterrestrium!

Elohim

Im Kaliyuga, dem schwerlastenden Zeitalter des Eisens, sind die Eingeweihten vom Goldenen Bande nur zur Hälfte materialisiert; sie fühlen in sich die unendliche Sehnsucht der Urmenschen, des ganzheitlichen Menschen (nach Miguel Serrano).

Liebe Iris, aus Deiner geistigen Heimat, in der Du vor Jahren angekommen, vermittelst Du den Deinen Wissen über das Wesen des Allmächtigen, der die Verwalter über Sonnensysteme und Galaxien, auch als Stammesgottheiten irdischer Völkerschaften bekannt, gewähren lässt. Bis zu einer Grenze, die ER ihnen gesetzt.

In Übereinstimmung mit geisteswissenschaftlichen Lehren gilt Gott als zusammengesetztes Sein, dessen Energie und *Ei-gen-art* (das Ei, das Gen, die Art) zweifacher Natur ist:
Laut Gottesbegriff in der >Offenbarung< zu positiven und negativen Entwicklungsschritten fähig. Ein experimentierfreudiges Wesen, ein spielender Gott?

Seine Geschöpfe und das im All Geschaffene können als Teile seines Organismus verstanden werden. ER ist und erfüllt das All. Eine vitale Freude an seinem Wesen liess IHN das Weltall mit Galaxien, Sternhaufen, Schwarzen Löchern, Sonnensystemen, Sonnen, Planeten, Kometen, Planetoiden, den Makro- und den Mikrokosmos schaffen.
All das Gezeugte umfängt ER mit Liebe und füllt Gottes Organe, also IHN, in seiner Gesamtheit mit pulsierendem Leben.
Geladen mit Spannung und Gegensätzen, führt ER das Dunkel zum Licht, das Chaos zur Ordnung, Haß zur Liebe, Leid zu Freude, Kleines zum Großen, kehrt das Obere nach unten, verbindet Feuer und Wasser. Für IHN ist alles möglich.

Warum also, soll ER nicht Geschöpfe nach seinem Bild und Gleichnis von seinen Erstgeschaffenen, seinen Beauftragten, den Elohim oder anderen befähigten Wesen, erschaffen lassen? Sie wirken mit und weiter an der Bildung des Universums, sie können Mitarbeiter, Helfer und Vollstrecker sein. Grundsätzlich, aber nicht immer, im Sinne des All-Mächtigen, der All-Intelligenz.

Zu den aus den Schriften bekannten *Schöpferischen Hierarchien,* kommen sieben andere, die an der Weiterentwicklung Seiner Ebenbilder schaffen.

In der Genesis, 1.Kapitel, nennt man sie "Elohim". Der erste Teil des Wortes, nämlich >Eloh<, steht für ein weibliches Hauptwort, während das >H< auf ein zusätzliches Geschlecht hinweist. Wäre ein ausschliesslich weibliches Geschöpf gemeint, stünde da nur "Eloh".

Die weibliche Mehrzahl ist >oth<. Sollte eine Mehrzahl weiblicher Götter gemeint sein, müsste es >Elooth< heißen. So aber steht die männliche Pluralendung >im<, dem weiblichen Hauptwort >Eloh< zugefügt.

>Elohim< lässt also eine Mehrzahl männlich-weiblicher, zweigeschlechtlicher Wesen erkennen. Sie gehören zu den positiv-negativen Schöpferkräften.

Den Elohim werden in der Genesis die Worte in den Mund gelegt: "Lasst uns Menschen schaffen, nach einem Ebenbild, das uns gleich sei" (1 Mose 1,26) und "Gott ... schuf sie männlich und weiblich".

Uns, den Menschen auf Erden, sind also Sinnesfreuden und erotische Spannung mitgegeben worden, auf dass die Beschwernisse unseres Daseins durch zeitweiliges Wohlbefinden und Lust erträglicher werde.

So sind wir Irdische gehalten, Mühen, Zeit und Energie auf der Suche nach einer Gespielin, einer Partnerin aufzuwenden, die dem Manne beizuwohnen gewillt ist.

Die Folgelasten, schmerzhafte Geburt, anstrengende Erziehung von Kindern und schließlich die Agonien von Trennung und Sterben sind nicht in jedem Falle ein angemessener Preis für gehabte Freuden und Lustgewinn. Vereinbarte Ehen und Lebensgemeinschaften dauern ohnehin nicht immer "bis der Tod" sie scheidet. Wahrscheinlich reichen ebenso viele darüber hinaus.

Stets auf der Suche sein zu müssen nach irgendeinem Glück, nach der eigenen Identität und einem schützenden Hafen, fordert die "kleinen grauen Zellen" oft genug zu Höchstleistungen.

Unsere reduzierten Gehirne sind so in Gang zu halten; schließlich sollen wir dereinst zur wahren Größe zurückfinden, auf die sich die Elohim bei unserer Erschaffung geeinigt hatten. Bis wir die uns abgenommenen Gene und Eigenarten wieder zurückerhalten.

Die Genesis geht eindeutig von einer Mehrzahl der Schöpfer aus; wir, wenn auch nicht jedermann, verstehen sie heute unter den im Weltall verkehrenden "Göttern" wie sie in den verschiedenen Kulturen auf Erden bekannt sind. Aber sie, die Schöpfer schufen im Auftrag des allumfassenden Gottes, ohne den sie nichts vermögen. Wenigstens nicht auf Dauer.

Der eine Gott, der in allen Dingen ist, der immer war und ewig sein wird, braucht weder die Erde noch irgend einen anderen Planeten "besuchen", denn ER ist in allem und wir in Ihm. Unabhängig von Ort und Zeit.

Nicht selten hatten es die Erdlinge mit "beschränkten" Gottheiten zu tun, die von uns verehrt und gefürchtet werden wollten. Die Zeit ihrer alleinigen oder gar willkürlichen Herrschaft über die Erde mit ihren Menschen neigt sich dem Ende zu.

Auch Jahwe scheint einer der Elohim zu sein, der sich zu einem Führer der Engel und der Menschheit im Weltalter des Kaliyuga erklärte. Versteht er sich noch als Beherrscher eines Himmelskörpers im heimatlichen Sonnensystem?

Leider sind wertvolle Erkenntnisse über Werden und Vergehen in unserer Schöpfung durch gezielte Vernichtung germanischer, keltischer, griechischer, sumerischer und indianischer Überlieferungen unbekannt geblieben. Ausgerechnet das Christentum, das mit missionarischem Eifer verfolgte und zerstörte, was nicht in Ihr verengtes Gottesbild passen wollte.

Wie gesagt, uns noch Kurzlebigen, ist ein Zeitverständnis zu eigen, das einbindet in Stunden, Tage, Wochen und Jahre - weit entfernt von dem, was uns zusteht.

Mut machen sollte uns Erdbewohnern die Tatsache, daß wir in Gedanken bereits eindringen können in die Welt der Menschengötter. Eine schier grenzenlose Phantasie ist es, die Entschädigung bieten kann, für die auferlegten Beschränktheiten, die geminderte Leistungsfähigkeit unserer Denkmechanismen. Nicht nur die rechte Hemisphäre unseres Gehirns, mit der wir erfühlen können - mehr und mehr kommen allen Lebewesen sogenannte morphogenetische Felder zu Hilfe, die uns teilhaben lassen am ganzheitlichen Wissen und an der Weisheit des Universums (Morphogenetische Reize: stammesgeschichtliche und individuelle Gestaltbildung der Organismen und ihrer Organe; Morphogenese wird durch ein kompliziertes Wechselspiel äusserer und innerer Faktoren gesteuert - laut Brockhaus).

Im Geiste schaffen wir uns Welten über die reale Greifbarkeit hinaus - und ahnen die wahre Schöpferkraft in uns. Nahe bei den Elohim. Aus sumerischer Überlieferung die Anunnaki, "jene, die vom Himmel auf die Erde kamen"; erstmals sollen sie vor etwa 500.000 Jahren auf der Erde gelandet sein. Die Nephilim sollen die Liebe und das "Licht des Väterlichen Mandats" verletzt haben, Intelligenzen, die mit den >Wurzelrassen< experimentierten und sich mit ihnen vermischten (Genesis 6:4).Auch als Nefilin bekannt, kamen sie ebenfalls nieder zur Erde.

Die Übersetzer der Heiligen Schriften waren nicht immer in der Lage, das Wort "Elohim" richtig wiederzugeben. So ist das auch mit manchen anderen Begriffen geschehen. Meist war es einem beauftragten Übersetzer nicht erlaubt, jedes Wort wahrheitsgetreu zu übersetzen. Sie hatten sich dem jeweiligen Glaubensverständnis, dem Zeitgeist anzupassen.

Martin Luther, der wahrscheinlich unabhängiger übersetzen konnte als viele andere, musste aus einer lateinischen Ausgabe der Heiligen Schrift übersetzen - also keineswegs aus dem Urtext.

Erinnert eine angepasste Wortwahl nicht an die "politische Korrektheit", nach der sich Redakteure und Karrierebewusste in unseren Tagen orientieren? Der Zeitgeist erheischt passende Äußerungen zu jeder Kleidung.

In manchen Veröffentlichungen wird die Schöpfungsgeschichte aus dem 1. Buch Mose so ausgelegt als ob die Elohim die wahren und die alleinigen Schöpfer von Menschheiten seien.

Das hebräische Wort "Elohim" wird mit >Gott, der Schöpfer< übertragen, was in Wirklichkeit "Die vom Himmel kamen" bedeutet, ähnlich den Annunaki und den Nefilin (s.oben). Die Namen stehen wahrscheinlich für ein und dieselbe Gattung.

Damit, so meinen nicht wenige, sind die "Raumfahrt treibenden" Götter gemeint, wie sie uns in den Mythologien der Völker begegnen. Die darin überlieferten Begriffe wie Schwäne, Truhen, Kelche und Schalen, können wir Heutigen, die wir an der Schwelle zur Raumfahrt stehen, als Raumfähren, Flugscheiben, Flugkreisel, Rundflugzeuge, Raumtransporter und Fliegende Untertassen verstehen.

Die wesentlichen Punkte in der Schöpfungsreihe erscheinen in geordneter Folge und sind einer algebraischen Formel ähnlich.

Die Schöpfungsgeschichte verwendet zwar die Pluralform "sie", was aber eindeutig die Schöpfung von A-dam, den Stammvater der hiesigen Menschheit meint. Eine Menschheit allerdings, die sich wahrscheinlich über unser Sonnensystem hinaus verbreitete, von dort zur Erde und von außerhalb zurück kam.

Planetoiden, Monde und Planeten, vielleicht in einer anderen Sonnenwelt, können ihnen als Zwischenstationen gedient haben - und so geschieht es heute noch.

In allen englischsprachigen Übersetzungen findet sich ein Wort von weittragender Bedeutung, das in deutschen Übertragungen fehlt. Dort sagen die Elohim:

"Seid fruchtbar und erfüllet *wieder* die Erde". Das bedeutet klar genug, daß die Menschen wiederkehrten - sei es nun in einer Wiederverkörperung oder als Geschöpfe, denen man die "Flügel stutzte".

Als Versuchsobjekte, *ohne* die in den früheren zwölf DNS-Strängen (Gene) vorhandenen Eigenschaften, die den Menschen Zugang zur Ebene der Götter-Elohim erlaubte. War ihre Rückkehr zur Erde mit dem Verlust der Bewegungsfähigkeit zwischen den Planeten benachbarter Sonnensysteme und anderer Himmel verbunden? Hat man sie/uns der astralen Begabungen beraubt, um sie mit nur noch zwei DNS-Strängen, den niederen Schwingungen der Körperhaftigkeit, dem sterblichen Fleische zu überlassen?

Konnten oder wollten das die an der Erschaffung des Menschen beteiligten und uns freundlich gesonnenen Elohim nicht verhindern?

War Jahwe einer der oberen Elohim, die den Menschen ihre Vollkommenheit aus Neugier oder aus ei-

ner Art Spieltrieb heraus, wegnahmen und ihre Begabungen reduzierten? Wollte er angebetet werden, seine Geschöpfe in die Irre führen, zumindest niederhalten, die Erde als sein persönliches Eigentum beanspruchen?
Und das, obwohl ihm bekannt sein musste, dass nach
Jahrtausenden schon, seine Herrschaft nach einem
unwiderruflichen Naturgesetz zu Ende geht? Ein Gesetz der ausgleichenden Kräfte, wonach das Untere
wieder nach oben gekehrt wird.
Wirkt gar schon unser Wille mit, der sich gegen das
Bestehende auflehnt und Änderung, vor allem Abkehr
von der Welt der Lügen, will?

Wir vermuten nicht zu Unrecht, dass aus den Geschöpfen nach einer guten Weile "Geschröpfte" werden können. Wir gehen davon aus, dass die Hierar-
chie der Schöpfer nicht aus Boshaftigkeit uns höher-
wertige Eigenschaften vorenthalten will. Hinter der,
wie immer gearteten "Umstrukturierung" kann die Absicht des Allmächtigen stehen, künstlerischen Ausdruck und versuchsweisen Spieltrieb freizügig walten
zu lassen in seiner Urschöpfung.
Den Elohim mag es gestattet sein, in spontanen Ein-
fällen, die von IHM gesetzten Grenzen auszuloten und
siehe, sie wagten "Grenzüberschreitungen". Die daraus gewonnenen Erfahrungen und Konsequenzen
gewahren wir Kurzlebige nicht in nur einem Erdendasein.

Hier überrascht unsere Muttersprache mit Wortschöp-
fungen, die aus der Urzeit, aus dem Unterbewussten
auftauchen und den Kern treffen.
Durch Einfügen von nur zwei Buchstaben wird aus
>Geschöpfe< spielend leicht >Geschröpfte< - in deut-
scher Sprache, einer Dynamik gemäss, wie sie der
Schöpfung innewohnt.

In unserer Gegenwart, in der mittels Sprachreform, weltweiter Schliessung von Goethe-Instituten und dank vorauseilenden Gehorsams, die Sprache der Deutschen dem Verkümmern ausgesetzt wird, nagt die globale Intelligenz kräftig am Selbstwertgefühl der Deutschen.

Nicht einmal in der Europäischen Union, die von uns das Letzte an Wirtschaftskraft fordert, gilt Deutsch als gleichberechtigte Sprache.

Getroffen werden zusehends mehr auch Österreich und die Schweiz. Vermutlich sollen wir auf diesem "Schlachtfeld" hier und jetzt, zusätzlich besiegt werden.

Da scheinen die globalen Kulturverwalter von einer Angst getrieben, die allein mit dem Verstand nicht mehr zu fassen ist.

Es sieht aus, als fürchteten sie einen "Termin", nach dem sie alles zu ihrem Gunsten unter Dach und Fach haben müssten.

Der einzige Mensch, der jemals öffentlich darlegte wie schön die deutsche Sprache ist, war ein überzeugter Brite, Direktor des Instituto Mangold in Valencia, Ende der 50er Jahre.

Während einer Versammlung der dort beschäftigten Sprachlehrer erläuterte er die Schönheit des Deutschen am Beispiel der Liebeserklärung "Ich liebe dich": Die zarte naturhafte Lautmalerei in diesem einen Satz verglich der Wissenschaftler mit der gleichen Aussage in anderen Sprachen. Wobei er das anglo-amerikanische "I love you" als oberflächlich, das spanische "te quiero" als zu fordernd wertete.

Ein ähnliches Loblied auf unsere Muttersprache ist mir in Deutschland selbst nicht zu Ohren gekommen. Die Germanisten der Nachkriegszeit scheinen vollauf mit der Förderung und Verbreitung des Englischen als Weltsprache beschäftigt.

Womit sie voll im Trend liegen und von den "global players" eine Auszeichnung verdienten.

Wer sich in Grimms Deutschem Wörterbuch umsieht, wird nicht allein vom Inhalt, sondern auch vom Umfang beeindruckt. Wer nimmt im Lande der Dichter und Denker noch wahr, dass selbst der Standard-Duden mehr als 200.000 Stichwörter aufweist?

Gleichmacherei, ehedem als nationalsozialistisches Markenzeichen am Pranger, läuft heute ungeniert unter "Multikultur". Ein besonders unverfrorenes Mäntelchen für die angestrebte Einebnung der Vielfalt an Sprachen und Kulturen.

Anfang 1998 trafen sich in Belgien Sprachwissenschaftler aus aller Welt. Aus den Tagungsprotokollen geht hervor, dass etwa ein Drittel der lebenden 6500 Sprachen im Laufe des nächsten Jahrzehnts verschwinden wird. "Experten", so verlautet die pessimistische Botschaft, sehen im Laufe des kommenden Jahrhunderts den Verlust von 90 Prozent der noch bestehenden Idiome.

Eine runde "multikulturelle" Botschaft für das neue Jahrtausend. Herausgefunden habe ich keine zwingenden Gründe, warum Sprachen und Kulturen einen so plötzlichen Tod sterben sollen, und warum diese unerfreuliche Entwicklung wie ein Markstein vernehmlich eingeschlagen, die Menschheit in die beabsichtigte Richtung drängen soll. Zu vorbabylonischen Zeiten der Einheitssprache. In einer freien Welt ist es jedem überlassen, neben seiner Muttersprache eine global verständliche zu erlernen.

Gipfel des Zynismus: Man nennt dies den Weg in die Multikultur!

Zwar sieht der schweizer Linguist Georges Ludi im Verkommen einer Sprache unter anderem die Infiltration ausländischer Vokabeln in den heimischen Wortschatz, die Verarmung des Sprachgebrauchs beginne jedoch in der eigenen Muttersprache.

Das auffallendste Beispiel dafür sei das Verschwinden des Norddeutschen, das unter holländischem Deutsch bekannt sein darf. Ist da einfach Plattdeutsch gemeint?

Gibt es vielleicht doch einen speziellen Grund, warum Deutsch stört?

Eine US-Expertin beklagt gefährdete Idiome in ganz Amerika, womit sie indianische Sprachen meinen könnte; sie würden nur noch von Greisen gesprochen. Allein schon die verschämte Ausdrucksweise bedeutet einen Teilrückzug von der Wahrheit und schliesslich die etappenweise Aufgabe der Sprachkultur. Nur noch Englisch als Diplomatensprache?

Warum sollen wir an eine Art Selbstmord der Sprachen glauben, wen oder was sollen untergehende Kulturen begünstigen? Bedeutet weltweit vereinheitlichtes Sprechen und Denken wirklich alles für die Großverdiener?

Die Reduzierung der Weltkulturen auf eine Einheitssprache mag ja gut sein für die Gewinnmaximierung der 666er, aber deswegen geistiges Leben, Traditionen auf den Müll werfen? Sind die "Gönner" der Erdlinge extreme Rassisten, die nur sich, die Auserwählten bevorzugt wissen wollen?

Damit wären wir wieder bei den zu schröpfenden Geschöpfen. Klar, wir sind offenkundig nicht allein zur eigenen Erbauung erschaffen. Wer auch immer seine schöpferischen Kräfte, seine Gentechnik an uns erproben wollte, er will und kann Nutzen aus dem genial Geschaffenen ziehen. Auch dann, wenn es uns nicht mehr gefällt?

Die Absicht hinter der "Umstrukturierung", dem Abzug wesentlicher DNS-Stränge aus dem Urzustand unserer Schöpfung, bleibt uns bislang verborgen. Vielleicht sollen unsere Ängste und Spannungen bis hin zur Agonie, unserer Höherentwicklung, aber auch für die der Elohim Nutzen bringen?

Weil wir zu dem von ihnen mitgeschaffenen Ort (Erde) des Freien Willen gehören, wo alles erlaubt ist, können sie die Menschen schröpfen, ihnen Energien abzweigen. Nach ihrem Gutdünken sollen sie uns für eine Art der geistigen Vitamin-Zufuhr nutzen?

Die **Schröpfer** brauchen dabei keine Sanktionen von höchster Instanz zu fürchten, wenn sie ihre Geschöpfe nicht im Wesen und auf Dauer schädigen.

Wie sich das Blut nach einem Aderlass wieder erneuert, wachsen den Menschen verjüngte neue Kräfte nach. Bis hin zur Ursprungsform, zur Verkindlichung, wissenschaftlich Neothenie genannt, ein Prozess der Fortentwicklung, dem sogar ein evolutionsbiologischer Nachweis zugrunde liegt. Danach wäre anzunehmen, dass wir in einer Weiterentwicklung kindlicher aussehen werden. Ähnlich wie die Humanoiden wie sie uns aus Abbildungen "vertraut" sind (s. die kleinen Grauen).

Die für die Erde zuständigen Elohim sehen sich möglicherweise gezwungen, "ihre" Erdbewohner gegen andere Hierarchien im Universum abzuschotten, damit wir nicht für andere nutzbar werden - so lange es ihnen gestattet ist.

Schröpfen bedeutet keineswegs ausbluten oder verderben lassen.

Sie, die Schöpfer-Schröpfer, wollen Erkenntnisse aus unserer Existenz gewinnen, auch Lust und Freude von ihren Geschöpfen ableiten, aber ein Dauerrecht auf unsere Kosten?

Auch wir freuen uns an jeder dankbaren Geste und Zuneigung unserer Kinder, erheben aber keinen Besitzanspruch auf den Nachwuchs, von dem wir keineswegs wissen, ob ihm auf Erden nur Gutes widerfährt.

Wir erachten den elterlichen Besitzanspruch nicht nur für schädlich, sondern im Extremfall für strafwürdig.

Kosmische Konstellationen verändern sich und verhelfen uns zu den verloren geglaubten Eigenschaften. Auf höherwertigen Schwingungen des Lichtes aus neuen Dimensionen mögen wir mehr an Kräften zurückerhalten als uns ab-geschröpft wurde.

Was uns Gegenwärtige bedrängt und abwendbar wäre, sind die zum Schröpfen gerüsteten Globalisierungsstrategen auf Erden, die sich unserer Ausbeutung nahe wähnen. Was einstmals die Kirchenfürsten noch zu Gegenleistungen in Form einer Eintrittskarte (Münzen in den Klingelbeutel) in den Himmel veranlasste, wollen die modernen Sklavenhalter ohne Umschweife aussparen.

Nach angloamerikanischer Sprachregelung soll die >One-World< als der multikulturelle Himmel verstanden werden. Das offen erklärte Ziel von sich elitär gebärdenden Zirkeln lässt keinen Spielraum für angemessene Sozialleistungen zu.

Sie nehmen sich nicht mehr die Mühe, den Millionen von Arbeitssuchenden ihr Los schmackhafter zu machen. Was zählt, ist der Profit.

Das schier Unbegreifliche liegt im Verhalten unserer Politiker, die ohne Gegenwehr die Völker preisgeben und die Ansprüche der globalistischen Vollstrecker erfüllen.

Noch hoffen sie auf gebührende Belohnung ihres Wohlverhaltens gegenüber den Drahtziehern. Unbegreiflich wie die grossen Macher auf einer Welle des Wohlwollens schweben, obwohl sie den Organismus Erde nicht achten. Für sie ist die Gaia, die Mutter Erde mit den darauf lebenden "Säugern" ein Objekt der Ausbeutung, nach dem missdeuteten biblischen Versprechen: "Macht euch die Erde untertan".

Die Variante eines global herrschen wollenden Marxismus, das Imperium Sowjetunion ist erstaunlich reibungslos untergegangen.

Es mehren sich die Anzeichen, dass dem absoluten Kapitalismus, dem "humanen" Materialismus, ein ähnliches Schicksal ins Haus steht. Die hektischen Durchsetzungsversuche lassen einen Zeitdruck vermuten, dem sich die kapitalen Beweger ausgesetzt sehen. Versuche, in denen auch die Mithilfe Ausserirdischer mit exotischen Antriebssystemen für UFOs, Wetterbeeinflussung, psychotronische Geräte zur mentalen Steuerung der Untertanen bis hin zu nicht erkennbaren Massenvernichtungsmitteln, herangezogen bzw. vorgetäuscht wird.

Die irdische Führungsmacht ihrer selbst nicht sicher? Wer da als Irdischer Anspruch auf immerwährende politische oder religiöse Gängelung seiner Mitmenschen erhebt, den mag schliesslich der Teufel holen.

Weder für "Götter" noch für irdische Machthaber bleibt die profitable Eigenschaft der Geschöpfe zum immerwährenden Schröpfen auf Dauer erhalten. Wir leben in einem Universum des steten Wandels, in einer Welt, die gelegentlich das Oberste nach unten kehrt. Denen, die da weiterhin im Trüben fischen wollen, hat die Stunde geschlagen - und sie ahnen es.

Je mehr Geschröpfte die Änderung herbeiwünschen, umso näher die Endzeit für die Schröpfer. Das ist nicht nur ein frommer Wunsch.

Das Plakat "Sonne hinter den Wolken"

> Hoffnung geben, ist eigentlich eine gute Tat Weil die Denkkraft beim Schönen nicht mehr fragen kann, warum es schön sei, ist es schön (Goethe).

Grimmig kalt war es im Februar 1945 in der Eifel. Wegen Treibstoffmangel mussten wir bei Tagesanbruch den Bergepanzer aufgeben. Er stand in der Landschaft wie auf einem Präsentierteller; wir suchten nach einer Sprengladung, damit der Panzer nur zerstört, amerikanischen Einheiten in die Hände fallen konnte. Schon flogen Jabos über den Liegengebliebenen, sie erspähten und beschossen uns. Wir drei stoben auseinander, wühlten uns in den nassen Schnee. Als die Jäger abdrehten, liefen wir, die Hasen, in Richtung Wald, wo sich eine Heuhütte fand. Wegen fiebriger Erkältung und Schüttelfrost packten mich meine Kameraden in die Hütte, deckten mich mit allem, was geeignet erschien, zu. Mindestens einen Tag und eine Nacht verbrachte ich mehr tot als lebend in der vergessen gewähnten Hütte, bis endlich ein Sanitäter auftauchte, der mich abschleppte, zu einem Sanka brachte und nach Walberberg transportierte.

Das Aufladen, die Ortsveränderung riss mich förmlich aus einer stillen Welt, in die ich hinübergedöst war. Nur mit Mühe fand ich mich mit der Wirklichkeit ab. Gerne wäre ich in der Welt der Stille und des Friedens geblieben.

Eine Frau in diesem so freundlichen Walberberg, mit ihrem etwa 10-jährigen Sohn, nahm sich meiner an.

Es muss eine Woche vergangen sein als ich aus meinem Genesungsschlaf erwachte.

Als Erstes genoss ich den Anblick: Eine Dame, etwa um die 30, für mich eine strahlende Schönheit, eine Offenbarung aus einer heilen Welt. Mit ruhiger Hand und geschmeidigen Bewegungen hantierte sie in der Küche. Kaum hatte sie mein Erwachen wahrgenommen, erzählte sie von einem Sani, der täglich nach mir sehe und Medikamente gebracht habe. Der Junge, ich glaube, er hieß Ernst, wollte von meinen Kriegserlebnissen erfahren, was seine Mutter erst einmal aufzuschieben verstand. Mir graute in diesen Augenblicken vor dem Aufwärmen von Heldentaten.

Ihre Stimme vermittelte ein Gefühl der Geborgenheit wie ich es seit zwei Jahren nicht mehr erfahren habe.

Niemand wird es mir danken, dass ich auf Heimaturlaub zugunsten von Verheirateten oder Familienvätern verzichtete. Ein gutes Gefühl blieb immer bei mir; ich lebe noch - die durch meinen Verzicht Begünstigten werden nicht alle so viel Glück erfahren haben.

Am folgenden Tag erschien der Sanitäter, der es gut fand, jemanden offiziell betreuen zu dürfen.

Die Front rückte näher. Ich wusste auch nicht, was werden sollte. Den Krieg noch zu gewinnen, hofften wir kaum mehr. Obwohl die Weihnachtsoffensive noch einmal Erfolg brachte und Zuversicht aufkam. Beförderung zum Unteroffizier stand an für mich und auf das zugestandene EK 1 wartete ich immer noch. Wie töricht - aus der Sicht des nunmehr Erfahrenen.

In wenigen Tagen wollte ich meinen 21. Geburtstag bei meinen Wohltätern hier feiern, gedachte ich. Bleischwer wie die Wolken, zogen die Tage dahin.

Vom Sani erfuhr ich endlich etwas über meine beiden Kameraden; sie lagen verwundet in einem Krankenhaus, ebenfalls in Walberberg. Sie wollten den Bergepanzer noch sprengen, was ihnen anscheinend nicht mehr glückte. Mit eben diesem Fahrzeug erlebten wir gelegentliche Erfolge bei nächtlichen "Organisierungs"-Einsätzen in nahen Bahnhöfen oder Lebensmittellagern an Orten im Frontbereich, die den Amerikanern allzu sicher schienen. Wir durften annehmen, dass die Amis bei unserem Erscheinen in Deckung gingen und uns lieber gewähren liessen. Den Endsieg schon so viel wie sicher in der Tasche, wollte keiner mehr ein Risiko eingehen.

Anfänglich begleitete uns ein richtiger Panther-Panzer mit Kanone und MG. Ob er über Granaten verfügte, wage ich zu bezweifeln. Für die Reste unserer Panzereinheit, an die 20 Mann, besorgten wir auf diesen Piratenwegen Lebensmittel, Decken, Benzin, ja sogar Medikamente.

Der Krieg geht nun für mich auf wenig rühmliche Weise dem Ende zu.

Mitte Februar befand ein Feldarzt meine Einsatzfähigkeit; ich erhielt Marschbefehl zu einer mir unbekannten Panzereinheit, die im Ruhrgebiet in Hattingen anzutreffen wäre.

Eine Geburtstagsfeier bei "meiner" Familie konnte ich mir an den Hut stecken.

Eine merkwürdige Situation: Ohne jede Begleitung zog ich los, völlig auf mich selbst gestellt und auf das Wohlwollen der Feldgendarmen angewiesen. Man nannte sie Kettenhunde wegen der Plaketten, die ihnen tatsächlich wie an Ketten auf der Brust hingen. Sie schienen erfreut über jeden, der ihnen freiwillig in die Arme lief, wie ich.

Sie hielten Fahrzeuge an, auf denen ich dann wieder ein Stück in Richtung Köln fahren durfte. Froh über meinen Marschbefehl musste ich dennoch sein, denn die Ordnungshüter hinter der Front, kannten kein Erbarmen. Jeder, der eine Einheit oder einfach einen Weg suchte, der weg von der Front führte, machte sich verdächtig und konnte standrechtlich erschossen werden. Sterben war allgegenwärtig.

Vor allem die Flugzeuge der Alliierten bedienten uns entsprechend - mit Bomben und Bordwaffen, wann immer die Wetterlage es zuliess. Nach der eigenen Luftwaffe fragte schon keiner mehr. Zorn gegen die Versager in der Reichsregierung und Verzweiflung kam hoch.

Noch auf dem linken Rheinufer erspähte mich ein Leutnant meiner Division und lud mich erfreut zu seinem Zug ein, der aus zwei intakten Panther-Panzern bestand, von denen jeder über fünf Sprenggranaten und ebenso vielen panzerbrechenden Sondergranaten verfügte. Ein Funker fehlte. Aber ein Obergefreiter als Fahrer war da, der leidlich mit dem Bordfunk umgehen konnte. Auch er schien einverstanden mit mir, dem Richtschützen.

Worauf sollte ich noch schießen? Es stellte sich kein Feind in den Weg, schon gar nicht vor die Panzerkanone; mit einer 8,8-Treibladung, einem Geschoß von 7,5cm-Kaliber, konnte sie in gestreckter Flugbahn, mit Schallgeschwindigkeit ins Ziel treffen. Dem Feind aus der Luft aber wehrlos ausgesetzt.

Fahren war nur nach Einbruch der Dunkelheit möglich. Schon wegen der übrigen Landser, denen die Nähe eines Panzers alles andere als angenehm erschien. Früher freuten sich die Grenadiere über die Feuerkraft, die wir zu bieten hatten. Hier aber zogen wir Feuerkraft, vor allem von Flugzeugen auf uns und auf alles in unserer Nähe.

Die Rheinbrücke in Köln sollten wir also auf der rechten Seite des Rheins verteidigen wegen der dort besseren Treibstoff- und Munitionsversorgung. Während der Überfahrt im Licht des anbrechenden Tages, begann das erwartete Theater mit Bomben, die glücklicherweise meist in den Fluss fielen. Nur zwei trafen die Brücke, deren Trichtern wir nur mit Mühe ausweichen konnten. Die Brücke hielt bis wir drüben ankamen.

Wir schämten uns vor den Zivilisten, die mit ansehen mussten, wie die, ach so ruhmreichen Panzer, Gejagte waren wie sie auch.

In diesen Tagen der Mutlosigkeit und schieren Verzweiflung sah ich es: Ein fast mannshohes Plakat an einer Hauswand, das eine hinter Wolken und Fragmenten von Himmelsblau, aufstrahlende Sonne zeigte. Darunter in bescheidenen Lettern: "Seht die Sonne hinter den Wolken!". Minutenlang nahm ich das farbige Bild in mich auf. Dabei stellte ich fest, daß hier die sonst üblichen Parolen fehlten. Später in Gefangenschaft kehrte das Bild wieder wie immer, wenn ich in Bedrängnis geriet.

Mit suggestiver Kraft konnte es mich aufrichten.

Nun sollten wir doch nach Hattingen in die Panzerfertigungsanlagen, denn es ging die Parole um, daß die Reste der Armee mit den dort eingetroffenen amerikanischen Truppen zusammen Dienst machen würden. Gemeinsam mit den Alliierten kämen wir zum Einsatz, um Berlin von den russischen Truppen zu befreien. Wir schöpften spürbar Hoffnung; mit der amerikanischen Luftwaffe als Verbündete, könnten wir das Blatt wenden. Sechs Jahre Krieg fänden dann schließlich eine bescheidene Rechtfertigung.

Wieder einmal kam alles anders als erwartet: Im Schlafe holten uns die Amerikaner aus den Quartieren in Sprockhövel. Soldaten einer Einheit, die wir noch nicht gesehen hatten, schonten auch die Zivilisten nicht. Sie warfen Klaviere auf die Straße, weil nach ihrem Verständnis jeder Besitzer eines solchen Instrumentes ein Nazi-Oberboß sein musste. Das Bersten von Holz und Saiten kündete von anlaufender Befreiungsbarbarei. Nur blinde Zerstörungswut als Folge ebenso blindwütiger Volksverhetzung, erkennbar stattgefunden in Gottes eigenem Land.

Von wo man auszog, Demokratie zu schützen.

Mit Kolbenhieben und Fußtritten auf übergroße Lastwägen getrieben, sind wir auf den Rheinwiesen bei

Sinzig entladen worden; das Leben als Gefangene begann.

Wir wurden aller Wertsachen, sogar der Kulturbeutel (Zahnbürsten etc.) entledigt. Zusammen mit warmen Kleidungsstücken, ausgenommen Armbanduhren und goldenen Ringen, warfen die Amis alles auf einen Haufen, was uns lebenswichtig sein musste. Ein riesiger Berg persönlicher Habseligkeiten mit Benzin übergossen und angezündet.

Unfassbar, denn die Propaganda des US-Militärs versprach Befreiung von Hitler und seinen Nazis, aber beste Behandlung für Gefangene. Wir waren sogar so etwas wie Verbündete zwei Wochen lang gewesen.

Weder Wasser zum Trinken, noch zum Waschen, keine Verpflegung in den folgenden Tagen. Überlebensfähig eigentlich nur für im Hunger Trainierte, zu denen ich mich zählen durfte.

Statt angemessener Versorgung Hiebe, ständiges Herumjagen, bis wir schließlich, umzäunt von Stacheldraht, für ein paar Stunden in Ruhe gelassen wurden. Die Bilanz: Es starben die Jüngeren, noch halbe Kinder, und die Alten vor Erschöpfung und an Verletzungen.

Trost spendete das Plakat mit der Sonne hinter den Wolken.

Mit meinen nunmehr 21 Jahren zählte ich zu den Abgehärteten, den alten Hasen, die nichts umbringen konnte. Vor Hunger und Durst aßen wir die Gräser und schließlich die Wurzeln; etwa 150.000 Mann in einem Pferch liessen wie bei Schafen keinen Halm mehr übrig. Auf Mitmenschen, die an den Zaun kamen, um uns Brot oder Wasser hereinzuschieben, wurde gelegentlich geschossen.

Die Nächte in den von jeweils drei Mann gescharrten Erdhöhlen, wollten kein Ende nehmen. Wir sehnten den Tag herbei und die wärmenden Strahlen der Aprilsonne. Ungeschützt der Witterung ausgesetzt, entging uns keine Veränderung am Himmel.

Erlösung von dem Übel brachte der anbrechende Tag zwar nicht, man sah aber was vorging.

Vor Kälte wähnten wir uns geschützt, vor Regen nicht mehr; bei kräftigem Niederschlag stürzten manche Erdhöhlen ein. Die darin erstickten Kameraden entdeckten die "Nachbarn" erst am Morgen. Das Grauen kam gegen 10 Uhr:

mit Haken an langen Stangen zerrten Sonderkommandos die nächtlichen Opfer auf Lastwägen und überschütteten sie mit Chlorkalk. Der ungefähre Anteil der zu Tode gebrachten Gefangenen, ließ sich nicht feststellen, es kamen täglich neue hinzu und zur einfachsten Buchführung waren wir nicht mehr imstande. Eine dürftige Versorgung mit Wasser und rohen Kartoffeln kam in Gang. Ohne warme Kleidung und Decken dem kalten Regen im April ausgesetzt, scharrten wir mit bloßen Händen immer neue Schutzlöcher in den aufgeweichten Boden.

"Fliegende Festungen" entleerten im Tiefflug allerlei Unrat mit Eisenteilen auf die liegenden Lagerinsassen. Stehen war ja kaum mehr möglich. Neben Verletzten gab es auch Tote. In dieser Phase begannen wir, die Gefallenen, die "Verstorbenen" zu beneiden. Jeden Morgen, der noch graute, kamen Tieflader an, auf denen die Leichen entsorgt wurden. Die Tieflieger kamen gottlob nur zweimal.

Ein deutschsprechender Aufseher, der sich als Stellvertreter des Kommandanten zu erkennen gab: "Es geschieht Euch verdammten Nazis recht, ihr habt in den KZ eine Million Juden umgebracht".

Einige von uns fanden das ungeheuerlich und warfen dem Ami vor, daß da wohl der Spieß umgedreht werde; schließlich war ja wegen der totalen Bombardierung eine Versorgung der Insassen nicht möglich gewesen. Sie wären eben verhungert wie das hier auch geschieht. Worauf der Menschenfreund sichtlich zufrieden von der "Auslöschung" Dresdens berichtete, wo "kein Überlebender" mehr anzutreffen wäre. Das hätten wir dem Hitler zu danken - wie vieles, das noch über uns kommen werde.

Kurz danach erschien ein bewaffnetes Kommando, das nach den Kameraden suchte, die widersprochen hatten. Man wolle sie "belehren" wie sich der Lagerkommandant auszudrücken beliebte. Meines Wissens ist keiner von ihnen gefunden worden.

Wer will, kann nachlesen, was die Jüdin Hannah Arendt in *Elemente und Ursprünge totaler Herrschaft,* S.704, anmerkt...."dass alle Aufnahmen von Konzentrationslagern insofern irreführend sind, als sie Lager im letzten Stadium zeigen im Moment des Einmarsches der alliierten Truppen....Was auf die Alliierten so empörend wirkte und das Grauen der Filme ausmacht, nämlich die zu Skeletten abgemagerten Menschen, ist für die deutschen Konzentrationslager nicht typisch gewesen...Der Zustand der Lager war eine Folge der Kriegsereignisse in den letzten Monaten". Damit ist klar ausgedrückt, dass die Deutschen damals mangels Transportmittel und zerstörter Lager keine humanitäre Hilfe mehr leisten konnten.

Durch Neuankömmlinge erfuhren wir vom millionenfachen Mord an Vertriebenen, Verwundeten und von unzähligen Mädchen und Frauen, die von den Siegern nicht selten bis zur endgültigen "Erlösung" vergewaltigt wurden. Die bedingungslose Kapitulation sollte nicht das Ende des Krieges und der Grausamkeiten bedeuten.

Es folgte der 20. April. Wieder einmal großer Zusammentrieb von einer Wachmannschaft, die noch neu

war; diesmal nur mit Beschimpfungen und gelegentlichen Fußtritten - in ein zentrales Lager. Dort hing an einem übergroßen Galgen ein riesiges, in Gold gerahmtes Hitlerbild, vermutlich aus einem Rathaus. Als da an die 20.000 Gefangene in Reih und Glied aufgestellt, der Dinge harrten, die da kommen sollten - wir dachten an eine richtungweisende Ansprache des Lagerkommandeurs, vielleicht sogar mit Humor gewürzt, - und anschließender Sonderverpflegung - geschah Unerwartetes:
Wir mussten Sieg-Heil -Rufe üben, bis die Veranstalter zufrieden mit der Lautstärke, uns entliessen. Der Rücktrieb verlief aber rauher und von zusätzlicher Verpflegung keine Spur.

Wehe den Besiegten!
Auf der Latrine, die wir Donnerbalken nannten, von dem aus in die darunter liegende Grube die Notdurft zu verrichten war, saßen eines Tages an der Ruhr Geschwächte. Wahrscheinlich aus Gründen der Hygiene, wie man sie an Wehrlosen praktizieren kann, schossen entnervte Wachsoldaten die Kranken in die Fäkaliengrube. Sicher auf Befehl des Lagerkommandanten oder seines ebenfalls deutsch sprechenden Vertreters.
Letzterer zeichnete in einer Anwandlung von Humor, auf den Boden eine "Erfindung " des Präsidenten Roosevelt, die, bestehend aus zwei Ziegelsteinen, zum Kastrieren deutscher Männer geeignet sei. In den nächsten Tagen würde sie an uns erprobt werden: Mit einfachem Preßschlag beider Steine wären die Hoden deutscher Bestien kaputt zu machen.
Wie nach dem Krieg zu erfahren war, entstand in den USA ein "Kaufman"-Plan, Jahre vor der Weiterführung des Krieges gegen Deutschland, wonach alle deutschen Männer zwischen 16 und 65 zur Sterilisierung herangezogen würden. Nachzulesen in dem Buch

Germany Must Perish (Deutschland muss verschwinden), von diesem Herrn Kaufman.

In den folgenden Nächten plagten mich wilde Phantasien; ich sah die Kolonnen amerikanischer Kriegsgefangener, die uns während der Ardennenoffensive in die Hände fielen. Wir konnten sie nicht transportieren oder gar verpflegen, also liessen wir die Cowboys ziehen - Richtung West. Sie sahen sich immer wieder um, ob wir nicht doch....

Es war mir, als ob unter den Peinigern im Lager eben diese Laufengelassenen sich eingefunden hätten. Ich sah mich einem von ihnen die Maschinenpistole entreissen und wild um mich schießen - bis ich erwachte. Um erschossen zu werden, wäre das die Lösung für einen schnellen erlösenden Tod. Unter den gegebenen Umständen, den Krieg verloren, gedemütigt, bot sich nichts Lebenswertes mehr. Hatten wir nicht viele genug von denen getötet, die uns nun das Leben zur Hölle machten? In voller Deutlichkeit stand uns vor Augen: Wir wurden nicht befreit, wir sollen vernichtet werden!

Was aber geschähe, wenn ich bei einem selbstmörderischen Versuch vor Schwäche umfiele und dann mit den langen Haken auf den Tieflader gezerrt würde? Bei "Erfolg" müssten die Kameraden ausbaden, was ich angerichtet - ganz zu schweigen von der deutschen Zivilbevölkerung, von der Familie Jungmann in Sprockhövel, die uns so gut aufgenommen hatte. Erstmals fand ich meine Hilflosigkeit nicht mehr so schlimm. Sollen doch diese primitiven Amerikaner sehen, wo sie bleiben. Und sie blieben.

Ein Ärgernis, das mich nie verlassen wird: In den Nachkriegsjahren steigerten engagierte Macher die Verteufelung der Deutschen bis hin zur Wehrmachtsausstellung, in der man deutsche Soldaten als Verbrecher darstellt. Dass sich eigene Landsleute dafür hergaben, ist das eigentlich Bedrückende.

Nie war die Rede von den tausenden amerikanischer Kriegsgefangener, die wir damals in der Weihnachtsoffensive schonten und heimschickten. Nur gut, daß wir damals nicht wussten, was uns blüht.
Hatten wir umsonst Zurückhaltung geübt?

Es häuften sich die Selbsttötungen unter den Kriegsgefangenen, den "PoW".
Noch erinnerte mich das Sonnen-Plakat an das Etwas hinter den Wolken. Wer das nicht kannte, war arm dran.
Eine aufrichtende, wärmende Variante des Selbsterhaltungstriebes - das Ausdenken und Zusammenphantasieren von Kochrezepten - griff um sich wie ein euphorischer Bazillus - dennoch ein Überlebensmittel. Nicht selten gelang uns bei der "Erschaffung" von Speisen wie z.B. bei gewöhnlichem Griesbrei, der zugehörige Duft. Später erfuhr ich von Hungerödemen, die derlei Spinnereien auslösten.
Nicht nur ich, der gelegentlich in einer Art himmlischer Verzückung ein richtiges Federbett, Spiegel, Waschschüssel, wohlriechende Seife und eine fürsorgende Mutter zu sehen bekam. Daneben fröhliche Schulkameraden auf der Jagd nach bunten Sammelbildern aus Zigarettenpackungen. Ich pflegte Bildchen über die ehemals deutschen Kolonien zu sammeln. Wie von selbst glitt ich hinein in die Reichskolonialschule Nürnberg-Letten, in einen Vortrag über Tropenhygiene. Frierend erwachte ich.

Zu den amerikanischen Wachmannschaften: Nach jeweils zwei bis drei Wochen standen sie zur Auswechslung an, weil die Soldaten oft schon nach wenigen Tagen Mitleid zeigten und von ihrer Verpflegung an uns abgaben. Sie übten nicht mehr die gewünschte Härte aus. Manche vermieden es sogar, ihre üppige Verpflegung vor den Gefangenen zu zeigen. Menschen sind eben doch nicht auf Dauer manipulierbar.

Anfang Juni 1945, hielt auch ich der entwürdigenden Behandlung nicht mehr stand.

Französische Werber für die Fremdenlegion gaben sich die Ehre und die Mühe, die Gesunden aus dem Lager zu "befreien", sofern sie tropentauglich waren. In drei Zelten wurden wir, die "Freiwilligen" für Frankreich, versammelt, erhielten Weißbrot, Suppe und Kaffee. Es war vor allem die warme Suppe mit der ich leicht zu überzeugen war.

Bereits in der ersten Nacht im Zelt der Mitbefreier besuchte uns ein junger amerikanischer Leutnant, mit der Absicht uns vor unüberlegten Schritten zu warnen. Er sprach akzentfreies Deutsch und sicherte uns seinen persönlichen Schutz zu - vor den französischen Werbern. Wir glaubten ihm erst als er seine irische Herkunft betonte. Leider könne er uns seinen Namen nicht nennen.

Er berichtete von anstehender Entlassung aller Gefangenen, noch im Monat Juni; wir sollten aber sofort das Zelt verlassen. Er besorgte uns Decken, Verpflegung, Getränke und wies uns eine Bleibe in seiner Nähe an. Für den Fall, daß die Franzosen uns doch entdeckten, würde er sie aus dem Lager weisen - wir bräuchten nur "Sanitäter" rufen.

Selten habe ich einem Menschen so vertraut - Zweifel an dem spontan zur Hilfe Erschienenen, hätte ein schwerwiegender Fehler sein können. Er hatte das, was man eine gute Ausstrahlung nennt.

Als am nächsten Morgen die Franzosen mit der Suche nach "ihren Freiwilligen" begannen, sind sie von mehreren amerikanischen Soldaten hinauskomplimentiert worden. Angst hatten wir trotzdem, denn auch sie waren bewaffnet. Die plötzliche Sinnesänderung aus Amerika, die eine Verbesserung bedeutete, konnten wir nicht von heute auf morgen begreifen. Wir blieben, was die Politik angeht, misstrauisch.

Tatsächlich ist mit den ersten Entlassungen der aus Österreich stammenden Landser schon in den nächsten Tagen begonnen worden. Das heißt, der Papierkrieg lief an mit unsinnigen Verhören, einer Art Vor-Entnazifizierung, aber mit einem abgestempelten Papier, das uns als Entlassene auswies. Eines der wertvollsten Dokumente, das ich je in Händen hielt.
Der amerikanische Offizier irischer Abstammung verschwand, nachdem er uns in Sicherheit wusste; wir hätten ihm gerne persönlich gedankt. Einem Menschen wie diesem begegnet man nicht alle Tage; er entschädigt für alles Üble, das uns widerfahren.
Endlich stellten die Amis Transporte in das Land der Bayern zusammen; vergessen schien jegliche Schmach und er allgegenwärtige Hunger.
Frei von Hass sollte ich heimkehren. Beim Verladen auf den Sonderzug traf ich meinen Schulkameraden Bernd, der noch eine Soldatenmütze besaß. Er machte einen ordentlichen Eindruck.
Entsetzlich der Anblick zerbombter Städte, deren Ruinen sich wie Leichenfinger in den Himmel reckten. Gab es da noch Leben? Modrig riechender Staub fiel auf uns in den offenen Waggons. Tot schien sogar die Luft. War das nun Nürnberg, wo gerade der Zug zum Stehen kam?
Vor Neumarkt, dem Zielort, musste der Transport anhalten; zu früh entstiegen einige Gefangene, die hier zu Hause waren. Einer der Wachtposten erschoss zwei von ihnen, wahrscheinlich weil er angetrunken war und annahm, sie wollten fliehen.
Die einstige Perle der Oberpfalz ein Trümmerhaufen, in dem lediglich der Bahnhof existent schien.
Auf dem Fußmarsch nach Hause verdeckte keine Wolke die Sonne. Wir beide zogen allein des Weges - ohne Wächter. Durst und Hunger quälten uns den-

noch. In einem nahen Dorf sah Bernd eine mögliche Nahrungsaufnahme bei seinen Verwandten. Wir nahmen den Umweg von mindestens einem Kilometer und kamen dort an als die liebe Tante gerade die Schweine mit Kartoffeln fütterte, die noch dampften. Bernd bat um die Nahrung aus dem Trog. Sei es, daß seine Tante ihn nicht erkennen wollte, sei es, daß sie Denunzierung fürchtete durch mißliebige Nachbarn - sie verweigerte uns die Kartoffeln und auch das Wasser.

Entsetzt wandten wir uns ab. Um Bernd abzulenken, fragte ich, ob er diesen Verwandten vielleicht einmal eine Scheibe eingeworfen habe.

Apropos Kartoffeln; dieses Volksnahrungsmittel seit etwa dem 18. Jahrhundert bei uns heimisch geworden, kam von den Indianern Amerikas und galt zur Zeit der Entdeckung im 16. Jahrhundert als eher giftiges Nachtschattengewächs heidnischer Herkunft, das geeignet war, Syphilis zu verbreiten, und heilige Unruhe unter den Kirchenfürsten. Ohne eben diese Kartoffeln hätten die Gläubigen weltweit mehr Hunger erleiden müssen; sie wären dem Stellvertreter Gottes allerdings näher geblieben.

Eine Bäuerin, die beobachtete, was da vorging, brachte uns Brot, Milch und Wasser. Tränen der Dankbarkeit stiegen auf. Gestärkt erreichten wir den Ort, der wieder Heimat werden sollte.

Ein Zuhause, das wir dankbar annahmen, ohne den früher einmal geträumten Empfang mit Musik, Mädchen und Blumen, Gemeinderäten und Freibier. Reine Freude konnte nicht aufkommen, es fehlte fast der gesamte Jahrgang 1923 und über die Hälfte meiner Volksschulklasse. Einige Heimkehrer sind noch vor ihrem Heimatort von umherstreifenden Polen und anderen Fremdarbeitern erschlagen worden.

Zwei Bauern im Nachbardorf, denen die Uhren genommen worden waren, haben die sonst so netten

Amis wegen Überschreitens der Sperrstunde bei der Feldarbeit erschossen. Den Tag danach trieben die Befreier alle Heimgekehrten zusammen, wo wir ohne Kommentar in Gewahrsam genommen, über einiges nachdenken konnten. Unterhaltung war verboten. Zugunsten der Amis nahm ich eine Art Vorbeugehaft an, damit wir nicht auf Werwolfgedanken verfallen sollten. Wir waren schliesslich jung und wieder bei Kräften. Bedauernswerte Amerikaner!?

Diejenigen, die schon immer wussten von der verbrecherischen Nazigesellschaft versäumten keine Gelegenheit, die noch jugendlichen Heimkehrer zu belehren. Sogar solche, die mich damals mahnten, doch endlich dem Jungvolk beizutreten und ordentlich mit Heil Hitler zu grüssen.

Entnazifizierung und anstrengende bis penetrante Umerziehungsmaßnahmen sorgten für Ablenkung von allerlei Ungereimtheiten.

Behutsam und angenehm dagegen die Bemühungen der katholischen Pfarrer in der Gemeinde, den Bendediktinern mit täglicher Klostersuppe für alle Hungrigen sowie den Franziskanern im nahen Kloster und die Aufnahme in den Kolping-Verein mit Volkstheater-Ambitionen. Engagiert sang ich im gemischten Kirchenchor mit. Für viele war die Kirche mit ihren Einrichtungen die einzige geistige Heimat. Von dieser Seite durften wir Hilfe und Verständnis erwarten, ohne den stets präsenten Wiedergutmachungsdruck. Zuversicht auf ein friedliches Leben erfüllte uns alle, die heimgekehrt waren und tiefe Dankbarkeit.

Auch wenn viele unter uns sich von der Institution Kirche entfernten, weil sie im Grunde auf Erbsünde, Schuld und Sühne aufbaut, so wissen wir gut genug nicht nur von den Verirrungen der Kirche in früheren Jahrhunderten, sondern von den selbstlosen Bemühungen ihrer Menschen. Opfer einer unseligen Entwicklung sind sie gutgläubig geworden - und Heilige gibt es unter ihnen.

Bis mein jüngerer Bruder aus jugoslawischer Gefangenschaft eintraf, dauerte es fünf Jahre. Enttäuschend für mich die Tatsache, dass es mir nicht gelungen war, das elterliche Haus für den Heimkehrer mit einem angemessenen Wohnraum für ihn auszustatten. Die Nahrungsbeschaffung für eine Grossfamilie zehrte alle Mühen auf.

Von ihm konnten wir persönlich erlebte Brutalitäten erfahren, die er in den Jahren der Ausbeutung unter Tage, in kaum gesicherten Bergwerken durchzustehen hatte. Die Barbarei seiner Kriegsgefangenschaft übertraf bei weitem das von mir Erlebte.

Allmählich hochkommende Poilitbegabungen wiesen immer wieder darauf hin, wie froh wir sein müssten, dass der Krieg verloren wurde, ansonsten hätten wir fern der Heimat Dienst zu tun. Und das in einer uns zutiefst feindlichen Umgebung.

Statt entnazifizieren und desinfizieren müssten wir entdemokratisieren und laufend Menschen drangsalieren. Ein wahrhaft schrecklicher Gedanke. Vorstellen kann ich es mir wirklich nicht, wie wir als Besatzer ausgesehen hätten. Wir wären nicht imstande gewesen, es den Amis gleichzutun. Weltmacht strebte weder die Reichsregierung noch das Volk an - auch wenn viele das Gegenteil behaupten.

Jahre später in einem Nürnberger Kino der zusätzliche "Kulturfilm": Ich sah und konnte es kaum fassen - unter dem Titel "Die unbelehrbare Nazi-Armee" oder so ähnlich, erschienen wir, die Kriegsgefangenen im Lager Sinzig, Sieg-Heil rufend.

Dazu mit sonorer Stimme: "Deutsche Soldateska, die im Lager ihrem geliebten Führer zum Geburtstag huldigt" nebst anderen Unfreundlichkeiten, an die wir uns zu gewöhnen hatten.

Dank der unendlichen Grossmut der Besatzer, Pardon
- Befreier, sind uns wenigstens die Kosten für Phos-
phor-, Brand- und Sprengbomben auf deutsche Städte nicht direkt in Rechnung gestellt worden.
Nicht gut bekommt uns die alljährlich von jedem Bundespräsidenten aufgetischte Behauptung, wir seien
am 8.Mai 1945, befreit worden. Jedermann kann
nachlesen, was in der Direktive JCS 1067, noch Ende
1945 von Washington aus befohlen wurde:
"Deutschland wird nicht besetzt zum Zwecke der Befreiung, sondern als besiegter Feindstaat...." Das ist
unmissverständlich ausgedrückt. Ich sehe ja ein,
wenn auch mit Murren, dass solches zum Herbeibet-
teln einer uns geneigteren Siegerlaune, bei jeder Gelegenheit vorgehalten werden muss. Wirklich von jedem Bundespräsidenten, an jedem 8. Mai?

Was uns in Wahrheit zu Hilfe kam, war von geistiger,
nicht materieller Natur: Jeder half jedem, die Volksgemeinschaft, das mit aller Härte Durchlebte, die zu
überwindende Not, beflügelte uns, war das einzige
Vermögen, über das wir verfügten. Wir erlebten das
Glück, gemeinsam das Zerstörte aufbauen zu können.
Kreativ durften wir sein, worum uns die nachfolgenden
Generationen eher beneiden sollten. Die Bewältigung
von Vergangenheit, damit verbunden krampfhaftes
Zurüchdenken an jüngst vergangenes Drittes Reich,
hatten sich die Alliierten, vor allem die Amerikaner zu
eigen gemacht. Es war nicht mehr unsere Sache.

Später mit der Sättigung, entfernte sich zunehmend
das Wissen um Entbehrung und beglückende Notge-
meinschaft. Obwohl körperliche Liebesbeziehungen
wegen Überarbeitung, meist schierer Erschöpfung,
selten genug wahrgenommen werden konnten. Die
jungen Witwen hatten in der Regel andere Sorgen.

Warum haben wir, die Leidensgenossen grundsätzlich keinen Versuch unternommen, ein Treffen auf die Beine zu stellen?

Wir waren die Besiegten, wir wussten, der Dank des Vaterlandes wird uns nirgendwo nachschleichen, geschweige denn erreichen; wir waren die Geprügelten, die keine Erinnerungen pflegen wollten. Demütigungen sollten uns, wenn auch sublimiert, erhalten bleiben. Und Albträume.

Für das tägliche Brot, für eine Behausung sorgen müssen, Schutt und Blindgänger wegräumen, das war es, was uns in den Jahren danach voll beanspruchte.

Ersatzzeiten

Giordano Bruno, <Die Vertreibung des triumphierenden Tieres>:...sie suchen nach der Gottheit, von
der sie keinerlei Verständnis haben...womit sie nicht
nur jene Götter und klugen Priester verhöhnen,
sondern auch uns .. und was noch schlimmer ist,
womit sie triumphieren, da sie ihre närrischen Riten
in solch hoher Achtung sehen ...- Gräme dich nicht
o Momos, sprach Isis, denn das Schicksal hat den
Wechsel zwischen der Finsternis und dem Licht befohlen. - Das Übel ist nur, erwiderte Momos, daß
sie wähnen, sie seien im Licht.

Im Cafe Mediterraneo nahe Torremolinos warteten
Manfred, meine Nachbarin und ich, der konservative
Querdenker, auf den ebenfalls in den Rentnerstand
erhobenen Spanier Francisco. Paco, so wurde er ge-
rufen, richtete sich nach seinem andalusischen Zeit-
gefühl, das er erst recht nicht als "beneficiario de una
renta", dem Pünktlichkeitswahn seiner deutschen
Freunde anzupassen gedachte. Wir liessen uns vom
camarero eine Flasche roten Rioja und tapas brin-
gen.Karola, meine Nachbarin in einem Ort an der
Costa del Sol, stammte aus dem ehemals sozialisti-
schen Ostteil Berlins, verstard sich aber nachdrück-
lich als Bewohnerin der nunmehrigen Hauptstadt. Seit
Jahren eine Mittfünfzigerin, kam sie gut mit uns Männern zurecht, versprühte ihren Charm wohldosiert. Für
unsere Runde bedeutete Karola mehr als nur eine at-
traktive Dame, mit der Mann sich gerne sehen lässt.
Politisch wohl informiert und aufgeschlossen für alle
Themen, die uns Männer bewegte. Und das waren
nicht wenige. Grundsätzlich und deutlich verachtete
Karola deutsche Männer, die nach ihrer Überzeugung

kein Rückgrat zeigten, sich befreit wähnten und amerikanischer als die Amerikaner sein wollten.

Manfred schöpfte mitunter tief aus esoterischen Quellen, während Paco Lebensfreude ausstrahlte und in der spanischen Historie bewandert, seine Beiträge leistete.

Karola wollte wissen "wie weit hast du dich in das biblische Harmageddon vergraben"?.

"Wollen wir nicht warten, bis Paco da ist"?, warf Manfred ein. Er dachte dabei sicher an Karola, die er an Paco mehr interessiert wähnte.

"So erkläre ich erst einmal den Begriff dieses Harmageddon" fuhr ich fort, den ich flüssiger vor Deutschen bieten konnte. "Im Hebräischen heißt das "Berg von Megiddo", wobei an den Sieg der Israeliten über die Kanaaniter erinnert werden soll. Megiddo liegt aber nicht auf einem Berg, sondern in der Ebene, einem Ort angeblich westlich von Jerusalem. Dort gibt es aber keinen Berg. Da ist anzunehmen, daß der Begriff aus der Tradition der Apokalypse übernommen, aber wahrscheinlich missdeutet worden ist ". Karola mit gespielter Entrüstung: "Du wirst doch nicht schon wieder an der Heiligen Schrift zweifeln wollen?"

"Nach Expertenmeinung, sollte lediglich an die sogenannte Entscheidungsschlacht zwischen Gut und Böse an eben dieser ominösen Stätte gedacht werden", merkte ich an und "Bist du nun zufrieden?"

Mit einem fröhlichen "buenas tardes" betrat Paco die Szene. Küsschen für Karola. Erst einmal gemütlich Platz nehmen für ein Glas Wein. Einstimmung in die Gesprächsrunde auf Spanisch, was bekanntlich mehr Zeit beansprucht als wir "Alemanes" gewohnt sind.

Paco erzählt in aller Ruhe von einer Radiosendung, die er morgens um 10 Uhr gehört habe. In einer Art politischem Zirkel gab ein Teilnehmer zum Besten, daß die Anhänger Haiders eine terroristische Organisation wären wie die ETA in Spanien. So gerieten wir spontan in eine andere Thematik.

Manfred wollte von Paco wissen, wie die anderen Teilnehmer auf diese irre Anschuldigung reagierten. Man habe das gelassen hingenommen, meinte er achselzuckend.

Paco: "Da verlassen wir uns in Spanien auf die EU - die werden ja nicht gleich die NATO-Bomber nach Wien schicken".

"Glaubst du vielleicht, Haider und seine Leute sind wirklich Terroristen?", fragte Karola unsicher.

Paco, nachdem er einen Schluck genommen: "Was im Radio gesagt wird, muss ja nicht unbedingt geglaubt werden, aber was Wahres ist wohl dran".

Betretenes Schweigen auf deutscher Seite - mit einer solchen Wirkung dieser Art Hetze gegen Österreich, so wie wir das verstanden, haben wir nicht gerechnet. Ein Generationenproblem tut sich kund. Paco, wie viele seiner europäischen Altersgenossen, halten Österreich für einen Staat, der mit Deutschland nichts gemein hat. Es scheint weitgehend unbekannt, dass dieses Land mit ehrlicher Begeisterung seiner Menschen sich dem Deutschen Reich anschlossen; sie tragen nicht zufällig deutsche Namen. Die in unserer Division kämpfenden Soldaten aus der "Ostmark" waren keineswegs weniger tapfer als die Altdeutschen. Völlig unbekannt in dieser Generation die vielen europäischen Divisionen aus Dänemark, Norwegen, Holland, Belgien, Frankreich, Spanien, Italien, Ungarn, Rumänien, Russland und sogar aus Indien, die an unserer Seite gegen den Bolschewismus mit antraten.

Was mich erschreckte, ist der leichtfüssige Übergang von den Bomben auf Belgrad im Kosovo-Krieg, auf die Variante Österreich mit einem möglich scheinenden kriegerischen Eingreifen als Strafaktion.

Das schlägt hoffentlich bald auf die Urheber der verbalen Aggression zurück - aus der erfahrungsgemäß blutiger Ernst werden kann.

Paco kam fürs erste nicht mehr zu Wort. Er wurde aufgeklärt, vor allem von Karola, denn Medien-Schelte und EU-Klüngel war ihr Thema. "Die Sanktionen der EU gegen Österreich sind einer Terrormaßnahme gleichzusetzen, was die in Brüssel sich da erlauben, hat mit Demokratie nichts zu tun!", erboste sich Karola ganz in unserem Sinne.

Paco verstand nicht so recht, warum wir Deutsche uns vor die Österreicher stellten: "Warum fühlt ihr euch zusammen mit den Wienern als Verfolgte?" merkte er leicht indigniert an. "Ihr mit euerer Wehrmacht habt doch genügend Greueltaten im 2. Weltkrieg zu verantworten. Ich selbst habe gehört, dass deutsche Soldaten russische Frauen vergewaltigt haben".

Manfred und ich, wir konnten es nicht fassen, dass unser Freund Paco solches glauben mochte und fragten, woher er das habe. "Von Spaniern, die auch damals in Russland waren; sie erzählten das anlässlich einer politischen Veranstaltung in Malaga".

Paco hörte höflich unsere Erklärungen an; Manfred und ich stellen dazu fest, dass wir, die deutschen Soldaten grundsätzlich gegen eine Überzahl zu kämpfen hatten und allein schon aus diesem Grund für solche Eskapaden einfach keine Zeit und Energie aufbringen konnten. Das wirkte auf ihn wie eine Entschuldigung, und so meinte er schliesslich:

"Es wäre nicht möglich gewesen, dass die ganze Welt Deutschland den Krieg erklärte, wenn nicht solche Brutalitäten geschehen wären - bei euch.

Im übrigen sind viele Spanier, obwohl sie von eueren angeblichen oder wirklichen Untaten wissen, dennoch, wie ich auch, euere Freunde geblieben". Das verblüffte, wir hatten hinzunehmen, dass man sogar in

Spanien der Propaganda ausgeliefert schien, wenn sie sich gegen "die Deutschen" richtet.

Weil der Krieg verloren wurde, ist wahrscheinlich weltweit die Verurteilung der Deutschen als Gottesurteil zu verstehen? Einfach nur Ignoranten, einseitig Informierte, mit denen wir leben müssen. Oder sind sie ebenfalls schlau geworden, agieren gegen die Wirtschafts-Grossmacht Deutschland, nur um unsere Zahlungsmoral zu erhalten? Diese Schlitzohren!

Die subtile Infiltrierung mit Schuldzuweisungen - so dachte ich nach - zeigt eben doch Wirkung. Ich erinnere mich an eine amerikanische Zeitschrift, in der über Albert Einstein als den Mann des Jahrhunderts berichtet, in einer Überschrift hervorgehoben wird, dass der verdiente Physiker von den Nazis verfolgt worden sei. Im Text selbst ist dann zu lesen wie Einstein noch vor der Machtübernahme in die USA ausreiste, also keineswegs ein Verfolgter sein konnte.

Zwischen den Zeilen einer deutschen Zeitung erfährt man von einem damals jungen Wehrmachtsoffizier, der mit seinen Eltern eine jüdische Familie in ein Versteck bringen konnte und mit dem Ehrentitel "Gerechter unter den Völkern" ausgezeichnet wurde. Nach einer sicher sehr vorsichtigen Schätzung ist allein in Berlin zwischen 5000 und 10.000 verfolgten Juden von Deutschen geholfen worden; endlich einer, wenn auch nur beiläufigen Notiz für würdig befunden. Nach einem Wehrmachts-Feldwebel namens Anton Schmid ist in Rendsburg eine Kaserne benannt worden, weil er in Litauen vielen Juden das Leben rettete und 1942 dafür hingerichtet worden sein soll. Das steht im Widerspruch zu Informationen, nach denen damals über 2000 Juden in der Wehrmacht unter Hitlers Schutz gestanden haben. Darunter zum Beispiel auch General Milch bei der Luftwaffe.

Wenn auch nur wenig bekannt - es gab im Ersten Weltkrieg einen Juden namens Wilhelm Frankl, der nicht weniger als 19 Luftsiege auf Seite der Deutschen erzielte. Vom Kaiser persönlich erhielt er den Pour le Merite, wurde ausser der Reihe zum Leutnant befördert. Seine Tapferkeit rühmten alle, als er 1915 mittels Karabiner einen angreifenden französischen Flieger abschoss, der bereits mit einem MG ausgerüstet war; Frankl gilt als erster Jagdflieger, der nachts um 2 Uhr eine feindliche Maschine, einen britischen Bomber abschiessen konnte.

Von 1914-1918 kämpften rund 100.000 deutsche Juden mit den deutschen Truppen. Ihre Verluste betrugen 12.000 Gefallene. Frankl heiratete Anfang 1917 die Tochter eines österreichischen Marinekapitäns und konvertierte deswegen zum christlichen Glauben. Die jüdische Kirche grenzte ihn aus diesem Grunde aus, wie natürlich später auch die Nazis. Persönlich kannte ich in Nürnberg einen Juden, der als Offizier in der deutschen Artillerie das Ek1 erworben hatte. In der Wölckernstrasse besass er ein Textilgeschäft, in dem er mir, dem damals 13-jährigen, stolz sein Kriegsalbum und seine Orden zeigte.

Eine für mich schmerzliche und bis heute nicht verstandene Erfahrung war die sinnlose Zerstörung seines Ladens in der Kristallnacht. Vom gegenüberliegenden Fenster rief ich erzürnt den Akteuren zu, dass dieser Ladenbesitzer ein deutscher Offizier gewesen ist und mit dem EK1 ausgezeichnet sei. Die Antwort der Schergen: "Verschwinde Rotzlöffel, sonst holen wir dich runter". Mein Hausherr zog mich zurück vom Fenster und sagte, er verstehe das auch nicht, aber es sei gefährlich. Er, der selbst SA-Mann, bekannte mir später, dass es sich bei dem wilden Einsatz weder um Nürnberger noch um Franken gehandelt habe, sie wären Fremde gewesen. Heute für mich ein Grund zum Grübeln.

Manfred, nicht interessiert an einer Vertiefung in dieses für ihn unerquickliche Thema, beeilte sich, das Anliegen Harmageddon wieder aufzunehmen. Es gelang erst, nach dem zweiten Glas Wein, mit dem wir das Politische runterspülten.

An mich gewandt von Manfred, dem Schlichter: "Worin liegt eigentlich der Sinn dieses apokalyptischen Harmageddons?"

"Die Antwort ist nicht so leicht", räumte ich ein, "es sollen aber vor allem die Menschen betroffen sein, die allgemein dem Herrscherkult zugehören. Wer genau diejenigen sein sollen, die da von Geschwüren befallen, eines schrecklichen Todes sterben müssen, bleibt offen - leider". Karola:

"Wenn es nach mir ginge, würde ich die Herrschenden samt und sonders der Vernichtung preisgeben, aber wer kann die Apokalypse noch ernst nehmen, nach all den ausgeklinkten Prophezeiungen?"

Ich erzählte nun von den sogenannten Kriegsrollen, die man in den Höhlen am Toten Meer gefunden habe, die angeblich im Detail den Endzeit-Krieg in Form eines "finalen Atomschlags", der letzten aller Schlachten, beschreiben. Natürlich Karola: "Wie oft soll es die denn noch geben?"

Da können wir alle nun nachdenken, denn die einschüchternde Wirkung der schrecklichen Offenbarungen ist das Einzige, was bleibt. Manfred, bemüht, beim Thema zu bleiben:

"In der Apokalypse steht doch auch, daß nach der endgültigen Vernichtung der Streitmacht des "Belial" samt dem Herrscher-Klan, eine Zeit des Heiles für das Volk Gottes anbrechen wird".

Paco mischt sich ein: "Mit dem Volk Gottes sind die Juden gemeint, ihr werdet doch nicht glauben, daß wir zu denen gehören, denen es nach dem großen Aufräumen besser gehen soll - dafür haben wir die Globalisierung. Nach der werden wir alle zuarbeiten müssen für die Auserwählten, denen das große Geld und die Macht gehören".

Ausgerechnet Paco, von dem zumindest ich annahm, er sei, weil ein guter Europäer, auch ein Befürworter der weltwirtschaftlichen Vereinheitlichung, schlicht Globalisierung genannt.

"Außerdem - welches Land wäre zu einem finalen Atomschlag schon fähig, wenn nicht die USA mit Israel?", meldet sich Karola, wahrscheinlich will sie Paco beipflichten.

Unser Esoteriker Manfred rutscht unruhig hin und her, nimmt einen Verlegenheitschluck:

"Die Großmächtigen können nicht mehr machen, was sie wollen - gerade die Verlierer der kriegerischen Epoche, werden in Wahrheit die Neue Welt gestalten dürfen. Es gäbe keine universale Gerechtigkeit, wenn auf Dauer das kriegerisch Siegreiche die Oberhand behielte. Vergessen wird aber, daß die Benachteiligten mehr Mühe aufwenden müssten gegen Täuschung und Lüge - gerade sie sind gefordert, wenn es gilt, den Kräften des Lichtes beizustehen. Nachzudenken wäre, wie in die Wahrheitsfindung mehr Humor und Unterhaltungswert eingeflochten werden kann, damit überhaupt zugehört wird".

Diese Worte stimmen versöhnlich. Manfred nun ermutigt: "Denkt einmal an den oft
zitierten 3. Weltkrieg, der partout nicht eintreffen wollte. Vielleicht ist der Endzeit-Krieg durch den "Kalten Krieg" abgewendet und überflüssig geworden; er ist es, der wahrscheinlich das Harmageddon verdrängt, ja ersetzt hat, eine Ersatzzeit könnte man es nennen".

Karola küsst Manfred auf die Wange und: "Schön hast du das gesagt, man möchte es gerne glauben".

Jedenfalls erhält der "Kalte Krieg" eine überraschende Deutung, mit der wir leben können. Zufrieden bestellen wir eine weitere Flasche Wein und plaudern über Kinder, Familie und Alltägliches.

"Mit welchen konkreten Gefahren haben wir noch zu rechnen, die von der Erde selbst ausgehen könnten?", wirft Karola in die Runde, in der eigentlich keiner mehr großartige Aussagen provozieren möchte.

Paco erinnert sich an einen Zeitungsartikel, in der etwas von einer Caldera unter dem Nationalpark von Yellowstone in Amerika gestanden habe. Davon habe ich ebenfalls gehört und gelesen; nun versuche ich eine Erläuterung:

"Was da in den heißen Eingeweiden der Erde brodelt, nach oben drängt, könnte viel mehr zu einer Endzeit-Bedrängnis werden als alle bedrohlichen Prophezeiungen zusammen. Nach Radarmessungen via Satelliten, dehnt sich, einer riesigen Blähung gleich, ein unterirdischer Kessel aus, was im Spanischen Caldera heißt, und mit einer Breite von 30 Kilometern und 70 Kilometer Länge, in acht Kilometer Tiefe unter dem Yellowstone-Nationalpark in Richtung Oberfläche drängt".

Karola wirft ein, sie habe die Geysire dort gesehen, Warmwasser-Fontänen eben, nach denen vielleicht früher oder später explosive Entladungen denkbar wären.

"Durch die Hitze der darunter kochenden Lava könnte eines Tages das übererwärmte Grundwasser aus dem Boden schiessen - bis in die Stratosphäre. Noch verschliessen riesige Lava-Pfropfen den Schlot des einstigen Vulkans; sie haben bislang "normale" Ausbrüche verhindert. Wehe, wenn das darüber liegende Bergmassiv dem Druck von unten nicht mehr standhält".

Manfred: "Ich meine, daß vor dieser höllischen Blase, die aus der Tiefe brechen könnte, unsere Wissenschaft und Technologie keineswegs kapitulieren muss. Technisch zu allem fähig, dürften wir, das heißt unsere Geologen und Ingenieure, durchaus in der Lage sein, das Unheil aus dem Untergrund zu entschärfen".

Sind wir Erdlinge wirklich allein und ausgeliefert?
Es fehlt lediglich an Durchblick bei den sogenannten Entscheidungsträgern, an einer geistigen Öffnung, die

eine fortschrittlichere Zivilisation ausserhalb der Globalität nicht ausschliesst, und an die notfalls ein Hilfeersuchen gerichtet werden könnte. Eingriffe von aussen aus dem Extraterrestrium, sind häufig genug in alten Schriften erwähnt, aus unserer Sicht bedeuteten sie nicht immer nur uneingeschränkt Gutes.

Eine Hilfe von aussen sollte nicht mehr als abwegig gelten; fortgeschritten wie wir sind, könnten wir eine Gefahr selbst bemerken und orten, also Eigenständigkeit signalisieren. Hilfe zur Selbsthilfe auf fruchtbaren Boden gefallen?

Karola: "Schön wäre das, wenn wir auf diesem Gebiet zu unserer Rettung etwas tun könnten und keine Apokalypse oder dergleichen mehr fürchten müssten".

"Wie ist das eigentlich mit einer Supernova, wenn sie harte Strahlung bis zur Erde abgibt?", fragt Paco.

Wir finden, daß eine Lebensbedrohung für die Erde, bei der Explosion eines Sterns, erst in einer Entfernung von 30 bis 50 Lichtjahren zu fürchten wäre. Das ist relativ nahe; sie könnte die obere Atmosphäre der Erde zum Glühen bringen, wobei sich die Ozonschicht auflöste. Die einfallende Röntgenstrahlung würde Wasserdampf entstehen lassen bis hin zu Eiswolken, das Sonnenlicht würde nach aussen reflektiert - wir müssten dann paradoxerweise mit einer Abkühlung rechnen. Das sieht Paco als ausgemachte Spinnerei an, wenn wir uns vor die Wahl gestellt wähnten zwischen Verbrennen und Erfrieren.

"Da liegt doch die Gefahr einer Umpolung des Erdmagnetfeldes näher, die wäre mir dann lieber".

Die Nord-Südrichtung kehrt sich, wie wir wissen, im Laufe der Jahrtausende immer wieder einmal um. Das zeigten die Feldlinien in den Gesteinen.

Eine Umpolung käme nach Expertenmeinung etwa im Jahre 4000 in Frage. Dabei sinke aber die Schutzwirkung vor harter Teilchenstrahlung auf Null. Angst kann jedenfalls vertagt werden - was die Gegenwärtigen betrifft.

Wir wollen uns in Casares wieder treffen, wo ja zum schweren Wein ein belebender Wind zu erwarten ist. Niemand muss dazu überredet werden.

Die Fahrt in das Bergdorf auf der neuen Strasse ist ein Erlebnis für sich; die vielen Kurven zwingen zu langsamer Fahrt, wobei die Landschaft, die teils wild und teils kultiviert bewachsenen Hänge sich als Augenweide bieten. Ökologisch korrekt verteilte Gruppen von Ziegen und Schafen nutzen Gräser und Büsche nach ihren Bedürfnissen auf ihre Art als Weide.

Die Häuser in Casares kleben an Felswänden und steilen Hängen, sie ersetzten vor nicht allzu langer Zeit die Höhlen, in denen die Bewohner einstmals hausten. Sie sollen früher Piraten, Seeräuber und Schmuggler gewesen sein.

Das blitzblanke Weiss der Wände erhellt die engen Gässchen in der Dunkelheit und reflektiert bei Tage Sonneneistrahlung.

Hinter dem Dorfbrunnen, einem sozialen Mittelpunkt, finden wir im Obergeschoss ein rustikales Restaurant. Es bedienen Vater und Sohn; erst einmal wird Wein geboten, dann die Speisekarte, und alles zu moderaten Preisen.

Der Blick auf den Markt geht in volles Leben: Ständig holen Kinder und Frauen Wasser aus dem Brunnen in Krügen oder lassen es einfach in die hohle Hand laufen. Das Wasser, so der Wirt, habe Heilwirkung, weswegen auch die Menschen aus der Umgebung sich hier bedienten. Wenn wir möchten, würde sein Sohn uns einen Krug voll bringen, wofür er aber nichts berechnen dürfe. So bleiben wir doch lieber bei dem angebotenen Mineralwasser aus der Flasche.

Paco eröffnet die Gesprächsrunde mit der Frage, ob wir wüssten, was "Gafes" auf deutsch bedeuten würde. Wir müssen es uns erklären lassen: Es handle sich dabei um Personen, die negative Energien auf nahe oder ferne Personen abstrahlten, was für diese >mala suerte<, also Unglück bedeute.

"Kannst du uns das nicht an einem Beispiel erklären", fragt Karola neugierig.

"Besonders betroffen sind hauptsächlich die Politiker, wie zum Beispiel unser Ministerpräsident Jose Maria Aznar und euer deutscher Ex-Kanzler Helmut Kohl.

Aznar erwähnte Kohl anlässlich seiner Erfolge in Bezug auf die Wiedervereinigung, wörtlich sagte er "mit Helmut Kohl habe ich eine gemeinsame chemische Prägung ("quimica").

Als Helmut Kohl zum Parteikongress der Konservativen nach Spanien eingeladen wurde, konnte der Bundeskanzler wegen einer plötzlichen Entzündung der Prostata, nicht erscheinen; er stürzte zudem so unglücklich, dass er sich die Schulter auskegelte und in das Krankenhaus eingeliefert werden musste. Dort überfiel ihn eine in Deutschland unübliche Malaria.

Aznar hingegen ist damals zum Kandidaten für das Amt des Regierungspräsidenten aufgestellt worden.

In den Wahlen im September 1998, unterlag Kohl mit seiner Partei überraschend und deutlich. Bundeskanzler wurde sein Gegner, der Sozialist Gerhard Schröder wie ihr wisst.

Inzwischen fiel er in einen Spendenskandal aus dem er nicht herausfindet. Eine Anzeige soll auch gegen ihn laufen wegen Landesverrat, weil er die von Gorbatschow angebotene Rückgabe der polnisch besetzten Gebiete ablehnte. Das soll der gemeinsame Dolmetscher ausgesagt haben, der kurz danach verstarb.

Nun wisst ihr, was es mit dem "Gafe" auf sich hat. Wie ihr eine solche Begabung in euerer Sprache nennt, überlasse ich euch".

Paco füllte sich sein Glas und blickte zufrieden in die Runde so als ob er sagen wollte, nun habt ihr vorerst genug Gesprächsstoff.

Manfred fühlte sich zuständig und sagte: "Ich glaube, wir nennen das einen Unglücksbringer oder Unglücksraben, bin mir aber nicht sicher, ob damit genau das getroffen wird, was ein "Gafe" sein soll".

"Du hast das gut genug erklärt", meinte Karola, "aber diese merkwürdige Begabung ausgerechnet bei einem Politiker?" An Paco gewandt: "Hat Aznar anderen auch Unglück gebracht?"

"Das kann man so nicht sagen, er selbst ist von einer ETA-Bombe in letzter Sekunde verschont geblieben, indem er aus unerklärlichen Gründen sich vom Ort der Explosion entfernte. Da war ein Schutzengel bei ihm - oder einfach eine Eingebung

Bei einem Besuch der Königsfamilie in Canarias zeigte sich eine andere Seite seiner paranormalen Begabung: Er machte eine persönliche Anmerkung über die Mutter des Königs, die überraschte. Kurz danach erlitt die königliche "Maria de las Mercedes" einen tödlichen Infarkt.

Wenn ihr mehr wissen wollt kann ich euch die Zeitschrift geben, in der eine Art Fragebogen mit abgedruckt ist, aus dem erkennbar werden soll, ob der geneigte Leser auch ein "gafe" ist.

Übrigens ist nach seinem Besuch in Israel, die dortige Regierung in Schwierigkeiten geraten, wegen eines Bestechungsskandals, aber das kam ja auch im Fernsehen. Auffallend aus meiner Sicht, dass Aznar genau da Missgeschick einbringt, wo etwas faul ist, wo Veränderung zum Besseren gefragt ist. Falls er die Wahlen gewinnen sollte, halte ich das für einen Hinweis, dass er auf der richtigen Seite steht, im guten Sinne, meine ich natürlich".

Der Sohn des Wirtes trägt das Essen auf, Karola allerdings möchte da weiteres erfragen, wie mir scheint. Mir, wie auch Manfred, kommt die Nahrungsaufnahme gelegen. Während des Essens muss man nicht reden. Bei Manfred mag keine heitere Stimmung aufkommem; er ringt wieder einmal mit sich selbst, wie immer wenn es ihm schwerfällt, etwas auszusprechen, was ihn beschäftigt, die anderen aber vielleicht stören könnte.

Ein Glas Wein wird seine Zunge lösen, denke ich und frage ihn, nachdem ich eingeschenkt habe: "Ist da etwas, worüber du reden möchtest?".

"Ja, schon, aber es handelt sich dabei um etwas, was uns nicht gut tut". "Rück schon raus damit" ermuntert ihn Karola. Manfred nimmt einen kräftigen Schluck und hebt an:

"Das ist etwas unglaublich esoterisch-extremistisches, das sich am Südzipfel von Chile abspielen soll. Es handelt sich um eine ominöse Insel mit der Bezeichnung "Friendship", die aus der Colonia Dignidad hervorging und von deutschen wie von chilenischen Nazis bedient würde.

Dazu merkt der chilenische Schriftsteller Miguel Serrano an, dass Hitler nicht in Berlin Selbstmord beging, sondern mit den im Reich damals entwickelten Flugscheiben sich planmässig in die Antarktis absetzen konnte. Auch ein gewisser Jean Robin behandelt das selbe Thema in seinem Buch "Operacion Orth". Es wird behauptet, ein Mystiker, namens Karl Haushofer, habe die Karriere Hitlers bestimmt. Er sollte in der vorwiegend esoterischen Zielsetzung die politische Partitur übernehmen.

Ein Dr. Frederick Kohn, erklärt den aus dem Deutschen Orden und der Thule-Gesellschaft abgeleiteten deutschen Gruss mit ausgestreckter rechter Hand als ein Runen-Simbol, das eine stellare Konstellation zu energetischen Zonen des menschlichen Körpers nachstellt."

Karola meldet sich: "Ist Kohn nicht ein jüdischer Name?" "Wahrscheinlich schon, aber das spielt hier keine grosse Rolle", meine ich. Manfred fährt unbeirrt weiter: "Was mich besonders interessiert, ist die Aussage einer >Nueva Sociedad<, die sich als Kämpfer des Geistes oder des Gewissens (Guerreros de la Conciencia) versteht. Beunruhigend finde ich die Einmischung >vieler< israelischer Agenten vom Geheimdienst >Mossad<, die sich angeblich als Touristen getarnt, in die geheimnisvolle Zone begeben haben und dort einfach verschwunden sind".

Paco meldet sich zu Wort:

"Das mit den verschwurdenen Mossad-Agenten scheint eine gezielte Information, mit der man heraus-finden will, was wirklich läuft und ob sich nicht irgend-ein Nazi meldet, der davon weiss oder sich für even-tuelle Übergriffe entschuldigen möchte".

Mich amüsiert das mit der Entschuldigung, weil Paco so erkennen lässt, wie gut er mit der Büßer-Mentalität der Deutschen vertraut scheint, und so gebe ich zu bedenken "ob die Israelis da nicht gerne selbst mit-machen möchten". "Das hätte uns noch gefehlt", er-widert Karola düster, und zu Manfred: "Wie kommst du überhaupt an diese seltsamen Informationen?"

Paco: "Aus einer Zeitschrift >Karma 7<, die sich mit esoterischen Geheimnissen befasst; sie schreibt auf sieben Seiten, was ihre Leute über die Insel im Süd-pazifik herausgefunden haben. Aus dem Internet sol-len auch Informationen über "Friendship" erhalten worden sein, allerdings von einer mysteriösen Gesell-schaft in San Antonio, Texas, die sich "Mind Science Foundation" nennt.

Ein Reporter namens Ernesto de la Fuente verweist auf seine Fotos von chilenischen Küsten; er ist über-zeugt, dass auf Friendship Reste einer nationalsozia-listischen Gemeinschaft in aller Stille eine Technolo-gie entwickeln konnten, die ihnen in naher Zukunft zur Gründung eines neuen Reiches verhelfen würde. Da-zu meint ein gewisser Alexis Lopez, dass es sich in der Region um die Insel Guaiteca handeln könnte, auf der im 2. Weltkrieg deutsche U-Boote anlegten.

In den Urwäldern dort tauchen nachtens Flugscheiben (UFOs) auf und man höre Bohr-Geräusche im Unter-grund.

Dort, auf der Insel, treffen sich die unterschiedlichsten Interessen wie z.B. die Erhaltung des Ökosystems, das der amerikanische Unternehmer Douglas Tompkins wahrnehmen will und die regelmässige Überwachung durch amerikanische Aufklärungsflüge mit der berühmten "U2", die genaue kartografische Vermessungen herstellen kann. Die USA und Israel arbeiten naturgemäss zusammen, um einer "Mikrogesellschaft" entgegen zu treten, die Böses im Schilde führen könnte. Der mit der Untersuchung von Friendship beauftragte Chilene Jorge Anfruns, befürchtet, dass die Amerikaner im Schatten einer angeblichen Nazigesellschaft ihre Versuche zur "mental control" durchführen".

Manfred verlangt nach Wasser. Nun will man von mir hören, was mir so durch den Kopf geht:

"Widersprüche tun sich da wie von selbst auf, so versuchen wir eben, Wahrheitsgehalte herauszufinden. Nehmen wir an, da existiert wirklich eine Gesellschaft, die an neuen Ideen und Technologien arbeitet, dann muss sie aber nicht unbedingt nazistisch sein, oder was man eben darunter zu verstehen hat. Da neige ich zu der Annahme, die esoterisch angehaucht sein mag - nämlich die von einer Gruppe, die über die Erde hinausreicht. Vorausgesetzt, sie verfügt über Zugriff zu Flugscheiben mit denen beliebige Orte und Himmelskörper erreichbar sind; dann aber brauchen sie keine militärischen Mittel, um sich durchzusetzen. Ausserdem müssten sie bei einer wissenschaftlich-technischen Überlegenheit in dieser Grössenordnung in kosmische Gesetze eingebunden sein, wodurch ein Gebrauch von Waffensystemen nur zur Selbstverteidigung nötig und gestattet wäre. Mich stört es nicht, wenn sich die kriegerischen Mächte von ehedem herausgefordert fühlen. Sie können nicht anders, nach ihrem Entwicklungsstand - und seien wir ehrlich, wir haben damit auch unsere Mühe".

"Das", so meint Paco spontan, "kannst du laut sagen; für normale Menschen klingt das einfach wie Spinnereien, - du bist mir doch nicht böse?" Ich versichere:

"Das bin ich nicht, obwohl ich einräume, dass derartige Weisheiten patriotische Gruppierungen gerade in Deutschland dem Widerstandswillen die noch nötige Erdhaftung nehmen könnten".

Karola: "Ich fände es zumindest gerecht, wenn wir eine neue Zeit vor uns hätten, in der nicht die üblichen Marktschreier das Sagen haben. Das Unrecht, das uns als Deutsche angetan wurde, verlangt nach Ausgleich. Zorn über die erlebten Gemeinheiten der Befreier empfinde ich schon, aber nach Rache dürstet mich nicht".

Karola nimmt einen kräftigen Schluck, der das Gesagte bestätigen soll. Nun ist Manfred an der Reihe:

"Das Gebot, Waffen seien nur zur Selbstverteidigung erlaubt, stammt doch von den alten Germanen. Was wir brauchen, wäre eine neue Religion, die über das Irdische hinausreicht und nichts mehr gemein hat mit Selbstbeweihräucherung oder gar Inquisition. Gefragt ist eine Weltanschauung, die keine Missionierung verlangt und schon gar keine Verfolgung Andersgläubiger".

Ich erinnere mich: "Karl May schrieb in seinem Spätwerk von einer universellen Weltreligion, die im Vatikan nicht gut aufgenommen, auf den Index gesetzt und verboten werden sollte. Die Verantwortlichen in Rom kamen aber - vor etwa 90 Jahren - zu dem Schluss, dass ein Verbot das Interesse der Leser weltweit steigern würde. Mit dieser hochmodernen Einsicht sind sie, wenigstens in dieser Hinsicht, erstaunlich der Zeit vorausgeeilt".

Alle scheinen nun des Debattierens müde; wir widmen uns dem Wein und pflegen Gemütlichkeit, wie Paco das so gerne hat. Nicht nur er: Auch der Wirt gesellt sich zu uns, der keine Ahnung hat, der Glückliche, was wir gewälzt haben.

Anmerkungen zu einer Diskussion im abgelegenen Casares über die Zukunft und Zuständigkeit der Parteien in unserem Staat:

In einer "Talkshow" gesehen und gehört: Die Wähler würden von den Parteien bessere Moral, mehr Verantwortlichkeit verlangen, was das Volk selbst nicht zu bieten bereit wäre, man denke vornehmlich an Selbstentfaltung und keineswegs an selbstlosen Einsatz für die Gesellschaft.

Eine völlige Verkennung der Tatsachen - die Parteien und ihre Spitzenleute haben weder Vorbildfunktionen gezeigt, noch haben sie den Eindruck erweckt, als ob sie frei und unabhängig entscheiden dürfen.

Der sogenannte Wählerwille spielt kaum eine Rolle. Es wird dem Volk allgemein Lethargie unterstellt, weil es nicht den selbstlosen Druck zu Veränderungen in die Parteiengesellschaft einbringe.

Das ist der Gipfel an Verdrehungskunst: Das Volk in der Bundesrepublik konnte nie den Eindruck von Gestaltungsfreiheit im eigenen Land gewinnen. Weder was Parlament und Kanzler, noch was das Volk selbst angeht.

Im Gegenteil - es wurde uns u.a. eine multikulturelle Gesellschaft aufgenötigt, die vom Begriff her unverständlich, schon deshalb schadete. Die Kosten wie sie das Hereinholen von immer mehr Asylanten, Kriegs- und Wirtschaftsflüchtlingen in ein übervölkertes Deutschland verursachten, hatten und haben die Steuerzahler, also der Souverän, das Volk zu zahlen. Weder die Kohls noch die Schmidts haben die Konsequenzen getragen. Es handelt sich dabei um viele Milliarden, an denen gemessen, die "Parteienfinanzierung" wie >peanuts< erscheinen muss.

Die Nachfolgelasten dieser "Einwanderungspolitik" sind geeignet, das Volk in den Ruin zu treiben; das kann nicht die ehrliche Absicht der gewählten Volksvertreter sein. Wir selbst sind auch nicht gefragt worden Wer also regiert wirklich? Was läuft in den Parteien ab, die sich demokratisch nennen? Rechte Parteien sollten mit mehr Elan fordern: "Die Türkei den Türken!" - ein Land, das viel mehr Platz bietet als Deutschland.

Die über die Grenze des Erträglichen hinaus strapazierte Floskel von der Ausländerfeindlichkeit, hochstilisiert zum schmückenden Beiwort für die Deutschen, beweist nur die Realitätsferne von Politikern und Medien. Wir sind das Volk, das mit Vorliebe fremde Völker und Kulturen besucht - da wo sie zu Hause sind. So zahlreich wie kein anderes Volk. Fremde Völker und Kulturen in das übervölkerte Deutschland hereinholen, bringt zwangsläufig Verdruss bis hin zur Abneigung. Man denke nur an die traditionell innige Freundschaft Deutschlands zur Türkei. Weil sie, die Türken nun zahlreich den Deutschen auf die Füße treten, wird rein zufällig natürlich, Feindschaft eingefädelt.

Aus dem einfachen Grund, weil der nachbarliche Abstand nicht mehr gewahrt ist. Das bekommt erst recht den Türken nicht, wie die tägliche Erfahrung zeigt.

Es wird mehr oder weniger verboten, über Kriegsverbrechen zu berichten, die an Deutschen begangen wurden. Das gilt zumindest als üble Aufrechnung, was alle anderen aber dürfen, wenn es zu unserem Schaden und zu deren Nutzen hinausläuft.

Ein deutlicher Meinungsterror, wenn am Wahrheitsgehalt von Propaganda und offenkundigen Lügen nicht gerüttelt werden darf.

Der deutsche Steuerzahler hat für alle Nachkriegsschäden aufzukommen - auch wenn sie von den damaligen Kriegsgegnern direkt oder indirekt zu verantworten wären.

Entschädigung für deutsche Kriegsgefangene, von denen viele die Befreiung nicht überlebten, steht noch aus. Wer, irgendwo in Deutschland, tritt für die Be-

zahlung der Zwangsarbeit ein, die Deutsche in Gefangenschaft (nach Kriegsende) leisteten?
Zu keinem Aufbegehren mehr fähig, nehmen diese Deutschen alles hin, was die Völker der Welt beunruhigen muss. Keinen Nationalstolz zeigen sie; ob man mit denen überhaupt noch normal verkehren kann? Unsere Linken im Lande vollbringen in Sachen Identitätsverlust der Deutschen eine, nicht einmal im Ausland geschätzte, Meisterleistung: Im Internet rufen sie dazu auf, das Hermannsdenkmal zu sprengen, weil das Monument an die Befreiung Deutschlands erinnere. Das Amt in Lippe-Detmold beabsichtigt vom 16. Bis 20. August das Jubiläum von der Schlacht im Teutoburger Wald zu feiern, und das unter dem Motto: "Deutsche Einigkeit - meine Stärke" . Für deutsche Linke und die, die dahinter stehen, nicht tragbar. Sie veranstalten gleichzeitig ein "Antinationales Sommercamp". Es gibt weltweit keine Kommunisten oder sonstige Gruppierungen, die ihr eigenes Land so deutlich ablehnen würden.

Am sogenannten Kosovokrieg hat man deutsche Beteiligung erzwungen - ohne Zustimmung der betroffenen Völker. Es stellte sich heraus, dass auch dort wie im Irak, abgereichertes Uran, also hochgiftige Munition eingesetzt wurde. Und das in einer Gegend, in der deutsche Einheiten dienen.

Indirekt, vor allem durch horrende Zahlungen, mussten wir den Golfkrieg mittragen aus einem Fond, der dem Wiederaufbau der zusammengebrochenen Wirtschaft in den neuen Länder dienen sollte, was sich deutlich genug an der immer noch unterentwickelten Wirtschaft dort niederschlägt.
Ein unvorhergesehener oder ein geplanter Betrug an den Mitteldeutschen und schliesslich an uns allen. Und das nur, um eine endgültige Auseinandersetzung

zwischen Gut und Böse auf Harmageddon auszutragen und/oder vorzutäuschen.

Die Helden des Golfkrieges schlugen auch dann noch zu als der Krieg längst beendet, die Geschlagenen auf dem Heimweg und ihre Panzer mit Kanone nach hinten gezurrt, zu keiner Gegenwehr mehr fähig waren. Kein Wort des Bedauerns weder von den Siegern noch von der UNO, nicht einmal von einer Wohltätigkeitsorganisation (wie Freimaurer etc.) über Tausende Ermordeter; die Kinder im Irak sterben heute noch an Hunger. Weltweit tat kein Erlesener den Mund auf, um Hilfe zu erbeten oder Strafe für die echten Kriegsverbrecher zu fordern.

Bis auf einen deutschen UN-Beamten sind sie alle angeblich einverstanden.

Jede Gelegenheit wird wahrgenommen, um den Siegern Hochgefühl zu vermitteln, den Besiegten aber eine Verleumdungs- und Hungerlawine hinterlassen. Uns ward eine Wehrmachtsausstellung zuteil, weil sie von den wahren Verbrechen ablenkt und uns schadet.

Über die Einführung des Euro gab es bei sonderberechtigten Europäern Abstimmungen, natürlich nicht bei den Deutschen, die zwar den Hauptteil der Lasten zu tragen haben; Deutsch aber ist als gleichberechtigte Verhandlungssprache in den ehrwürdigen Gremien des Europaparlaments nicht zugelassen.

In Ländern, die deutsch sprechen, wird eurodemokratischer Druck (s.Österreich) ausgeübt, wenn irgendwie gesichert ist, dass die Bevölkerung der Bundesrepublik dadurch mit beeindruckt, also niedergehalten werden kann. Zur Sicherung des demokratischen Wahlrechts mit zugehöriger freien Meinungsbildung, versteht sich.

Und die Wahlen in Schleswig-Holstein bestätigen den "Erfolg". Man schlug den Sack und meinte den Esel - mit erkennbarer Wirkung.

Beklagt aber wird allenthalben bei führenden Persönlichkeiten im Lande, dass dieses undurchsichtige Volk im Norden der Bundesrepublik den Rückzug in die Lethargie angetreten habe.
Genau dieses Phänomen des Verdrängens wird bald viel grössere Sorge bereiten:
Die Planung der Weisen für eine endgültige Gründung ihres globalen Reiches stösst ins Leere, ist zumindest in Frage gestellt.
Nicht einmal die Wahlbeteiligung ging zurück, es gab auch keine irgendwie gearteten "Denkzettel", die als rechtslastig beschimpfbar gewesen wären. Ach, hätten sie doch Dampf abgelassen, diese Undurchschaubaren!
Eingedenk der befürchteten Wählerschelte vom Inland und dem Gezeter aus dem Ausland mit gefühlvollen Andeutungen auf NATO-Bomben, die im nicht allzu fernen Jugoslawien demonstrierten, zu was man fähig ist, ging das Volk an die Urnen.
Dazu kam die Erfahrung mit Haider und seinen Wählern, die im denkbar ungünstigsten Zeitpunkt sich bemerkbar machen.
Haider selbst ist nun zurückgetreten, was die sich als Edelmenschen gebärdenden Macher in Brüssel, in Wahrheit eine Clique von Abhängigen, zu noch mehr Druck gegen den "Populisten" veranlasst; könnte doch eben dieser Verzicht mehr Zulauf für den Unleidlichen mit dem korruptionsabweisenden Erscheinungsbild einbringen.
Denn er schart um sich die Aufsässigen zu einer Zeit, da die Politiker allgemein Ansehen verlieren, der große Nachbar Deutschland ein korrupt geführter Staat, der da angekommen ist, wo nicht wenige ihn haben wollen.

200

Die Herren der schwarzen Kassen sind aus dem Dunkel gezerrt worden, sichtbar für jeden, der sehen will - und das Volk will.

Nicht von der Hand zu weisen:

Der Skandal sollte von Wichtigerem ablenken. Nachdenklich stimmt, warum monetäre Vergehen jetzt aufkommen, die eigentlich auch weiterhin zu vertuschen gewesen wären.

"Unlautere" Gedanken nisten sich ein: Ist Kohl vom CIA/NSA und/oder von der französichen Regierung für etwas bezahlt worden, wovon das Volk nichts wissen darf? Wie andere Bundeskanzler vor ihm, so war auch Kohl in jungen Jahren zumindest, dem amerikanischen Geheimdienst oder "vertraulichen" Absprachen verpflichtet. Ist Kohl erpressbar geworden?

Es fällt auf, dass sich der Ex-Kanzler bei seiner Partei entschuldigt und für Schadensbegrenzung sorgt, aber kein Wort an das betrogene Volk verliert. Das ist ihm offenkundig egal - bleibt abzuwarten, wie das Volk diese Komödie auf längere Sicht umsetzen wird. Volkes Mühlen mahlen langsam, aber sie mahlen.

Zur Erhaltung seiner, des Kanzlers Macht, spielten die Deutschen, offenkundig nur widerwillig ertragen, eine untergeordnete Rolle.

Noch interessanter scheint de Frage, warum das Spektakel mit Schwarzgeld und Geldwäsche überhaupt ans Licht gelangte. Wer oder was hat da wirklich nachgeholfen? Derlei Machenschaften sind doch bislang unter der Hand abgewickelt worden. Hat "man" die global schützende Hand von ihm, dem Kanzler, abgezogen?

Zurück zu Österreich: Endlich können Berufsdemonstranten den Alten im Lande, den deutschen Veteranen des 2.Weltkrieges und den Demokraten in aller Welt zeigen, wie sie mit einem Hitler verfahren wären.

Die logische Antwort konservativer Kreise in Deutschland: Aufrufe "Urlaub in Österreich - jetzt erst recht" und Erholung von EU-Hysterie sowie das offene Ersuchen rechter Parteien um Haider-Hilfe und Sympathiekundgebungen für den Jörg H. Streng beäugt die Vorgänge von den demokratischen Hilfskräften in der Bundesrepublik, aufgebracht kommentiert von Antifa-Heroen aus aller.Herren Länder.

Die bisher besonders im Westen geförderten Antifaschisten tappen, kopflos geworden, in fremde und eigene Fallen, wie das ein amerikanischer Sympatisant dieser Spezies erfahren musste. Schon einmal hier in Deutschland, entschloss er sich an einer Gegendemonstration zu einem genehmigten Aufmarsch von Rechtsextremisten in Berlin teilzunehmen. Ausserdem wollte er selbst einmal den Unmenschen der NPD gegenüberstehen. Im amerikanischen Fernsehen sah er oft genug, wie sich deutsche Antifaschisten friedlich abmühten, den Bösewichten demokratische Tugenden vorzuführen. Nun, nachdem er selbst teilgenommen, weiss er, dass es die Antifaschisten waren, die ihm Angst machten: Sie warfen Steine und Eier, sie beleidigten die Polizei, die sich schützend vor die "Faschisten" stellte, spuckten die Polizisten an und brüllten "deutsche Polzisten schützen die Faschisten", warfen Baustellengeräte um, zerstörten Fahrzeuge, tobten wie Raudies. Ähnliches war in den Medien seines Landes nicht vorgekommen. Was ihn, den Amerikaner namens Navarro, entsetzte, war die Wut in den Gesichtern der militanten Demokraten, die, wie er hervorhebt, aus vielen Ländern herbeigeeilt, von Hass geprägt waren. Die Rechtsextremisten hätten dagegen wie normale Menschen gewirkt. Was ist es, was die Antifa-Kämpfer oder doch eher ihre Hintermänner, so in Rage bringt und Unwissende nicht begreifen?

Ein Wissen, gehütet aus Staatsräson: Antifaschistische Streiter zur rechten Zeit an den rechten Ort dirigiert, beweisen wehrhafte Demokratie, liefern ein Feindbild für Rechtsextremisten, die wiederum durch ihre bloße Existenz beweisen wie konsequent in der

BRD die Auflagen zur Umerziehung und inneren Säuberung erfüllt werden. Damit dienen beide Lager den gesteckten Zielen. Der neutrale Beobachter mag erkennen, daß Verfassungsschutz und freundliche Geheimdienste Nachhilfe leisten, wann immer "Vorfälle" gebraucht werden, die der Verfolgung bedürfen. Nebenher dient das Ganze, gewollt oder nicht, der Abschreckung von Wirtschaftsflüchtlingen und Asylanten. Ein Zustrom in ein übersiedeltes Land, das Millionen Vertriebene zu verkraften hatte, möchte bis zum Bersten angefüllt, aufbegehren oder in einer weiteren Bombardierung "angepasst" werden. Eine Politik, in der häufig von demokratischen Werten die Rede ist, obwohl das Volk nie gefragt wurde, ob es einer fortschreitenden Belastung zustimmt. Der Zynismus von Lichterketten bleibt uns wenigstens in Zukunft erspart.

In einem der üblichen "Talks" brachte es eine bayerische Politikerin auf den Nenner:
"Sollen wir recht viel besser sein als das Volk, aus dem wir kommen?"
Will die charmante Renate mit den ihren nun in Volkes Mitte absteigen oder zeigte sie nur Nerven und möchte Wählerschelte ersetzen?

Wie soll nun die Schweiz als Fels in der Brandung ausgehebelt werden? Mitten im Euro-Land eine provozierende Wirtschaft mit noch hartem Fränkli - das kann nicht gut gehen, denn daran wird die Weichheit des Euro umso mehr sichtbar und damit das Unsinnige der Globalisierung, in der Wohlstandsinseln zu verschwinden haben.
Drohungen mit Isolierung, Boykott und Bomben kehrten sich wahrscheinlich gegen die Urheber selbst. Nicht allzuviele Mensche wären enttäuscht, bliebe das globalistische Menetekel auf der Strecke.

Die Betreiber des globalen Marktes müssten die Schweizer ersuchen, sie möchten doch, bitte, ohne grosses Aufsehen zu erregen, von ihrer guten, harten Währung Abstand nehmen - um des lieben Euro-Friedens willen! Ansonsten sei man gezwungen, an die bomböse Entwicklung in Jugoslawien zu erinnern.

Spannend ist die Milleniums-Zeit. Es ist ein Privileg hier und jetzt leben zu dürfen.

Nido

Manfred stellt einen Fremden vor, der wie eine Mischung aus Guru, Hoher Priester, Heiler und Geheimagent vor uns steht, sich als Nido Sartorin vorstellt; so wenigstens verstehe ich den seltsamen Namen. Im Spanischen ist mit dem Vornamen >Nest< gemeint, umgedreht gelesen bedeutet der Name Odin. Sein Nachname erinnert mich entfernt an eine Schokoladenmarke.
Durch seine Erscheinung wirkt er grösser als er ist, seine Stimme leise und eindringlich, zieht die Aufmerksamkeit auch der Unbeteiligten auf sich. Sein magisch wirkender Blick scheint in Sekundenschnelle alles zu erfassen, worauf es im Moment ankommt. Er begrüsst per Händedruck zuerst Karola, die ihm auf Anhieb verfallen, ihm fast zu Füssen sinken will.
Obwohl zutiefst Ruhe ausstrahlend, verbreitet der Neuling knisternde Unruhe. Seine gepflegte Erscheinung, der dunkle Anzug, das türkisfarbene Hemd und die glänzenden Schuhe erwecken den Eindruck, als ob er zu einem bedeutungsvollen Termin erscheine. Wenigstens trägt er keine Krawatte.
Er begrüsst mich und Paco ebenfalls per Handschlag, merkt entspannend locker an: "Ein nettes Lokal, in dem ich gerne ein Glas Wein mit Ihnen trinken will".

Kaum hat er seinen Platz eingenommen, eilt der Wirt herbei, verbeugt sich artig, so als ob er beweisen möchte, dass in Casares vollendete Kultur auch für Anspruchsvolle anzutreffen sei. Was der feine Herr bestellt, nämlich Artischocken, Brot und >vino de casa<, überrascht den Diensteifrigen sichtlich. Wahrscheinlich erwartete er die Order eines opulenten Mahles, womit er Gäste und Verwandtschaft beeindrucken hätte können.

Krampfhaft überlege ich hin und her, welches Thema ich vorschlagen soll.

Als hätte Herr Nido meine Gedanken erraten, fragt er "darf ich von Shambala und den Mahathmas erzählen, falls sie das interessiert?"

Wie aus einem Munde stimmen alle zu, obwohl keiner von uns auch nicht die leiseste Ahnung haben kann, worum es sich da handelt, sind aber überzeugt, dass Erstaunliches offenbart würde.

Vielleicht weiss Manfred doch einiges über das Unbekannte? Jedenfalls, um die Erwartungshaltung zu dämpfen, ergreife ich erst einmal das Glas und sage "salud"!

Manfred, der esoterisch vorbelastete, zu Herrn Nido gewandt:

"Sie sprechen sicherlich von altindischen Weisheiten, von Legenden aus diesem Bereich?"

Nido erfreut über eventuell vorhandenes Wissen:

"Wenn von Indien die Rede ist, denkt jeder an ein Land voll Armut, in dem heilige Kühe das tägliche Leben mitbestimmen, an eine Zivilisation, die den Anschluss an westlichen Wohlstand nicht geschafft hat, an einen merkwürdigen Subkontinent voller Widersprüche. Hinter der materiell deutlich unterentwickelten Welt dieser Indogermanen, erwartet uns eine viele tausend Jahre alte Tradition geheimen Wissens, die in der Zeit des überbordenden Materialismus an Bedeutung gewinnt.

Auf geistigem wie auf modernsten technischen Gebieten haben die Inder aufgeholt, man denke an die begehrten Informatik-Experten.

Ich sehe mich als Vermittler, der hier und andernorts den Schleier lüften möchte. Beginnen wir mit den uralten Bibliotheken, die auf beschriebenen Palmblättern das Wissen der Rishis über das Schicksal der Menschheit enthalten".

"Wer sind denn die Rishis?" fragt Manfred dazwischen. Nido fährt fort:

"Sie gelten als Wesen, die älter als die Erdbewohner sind und als eine zwischen den Göttern und den Menschen stehende Gattung. In ihren Schriften berichten sie über gescheiterte Versuche zur Entwicklung menschlicher Zivilisationen".

Paco meldet sich: "Ich habe gelesen, dass auf den Palmblättern lediglich individuelle Schicksale aufgezeichnet sind, aber dass sie früher als wir Menschen da waren - wer kann das schon beweisen?"

Nido: "Nicht als Beweise nach dem Stand unserer Wissenschaft, wohl aber als Hinweise können wir die in Sanskrit vor einigen tausend Jahren niedergeschriebenen Berichte, zum Beispiel die in einem Handbuch der Raumfahrt, hinnehmen. Die Darstellungen von Flugscheiben, also von Flugkörpern, die von der Erde in den Weltraum starten konnten, sind realistisch genug. Womit auch erklärbar wird, warum die Rishis und andere einfach "Götter" waren, weil sie zu fernen Himmelskörpern und um die Erde fliegen konnten, was den normalen Menschen nicht gegeben war.

Weil die Rishis darüberhinaus Zeitreisen bewältigten, durften sie sich den übrigen Raumfahrt treibenden "Göttern" überlegen fühlen - sie waren die Mächtigeren, denn schneller sein als das Licht, gilt heute noch als Einstein-Lästerung."

Leise, weil verunsichert, fragt Karola: "Die Grenzen zieht doch auch in der Astrophysik, der allmächtige Gott?"

"Eine gelegentliche Überdehnung der Grenzen" so entgegnet Nido, "lässt das allumfassende Wesen, das wir als Gott verstehen, einfach zu.

Freilich, wir sind in unseren drei Dimensionen noch gefangen, es steht uns aber frei, darüber hinaus zu denken. Geschöpfe wie wir, müssen lernen, mit ihren Fähigkeiten, umzugehen, auch wenn manches dabei zu Bruch geht. Die höher entwickelten Rishis klammern sich nicht an physikalische Grenzen wie wir sie kennen. Gegen die kosmische Ordnung können aber auch sie nicht verstossen."

"Worin besteht denn diese Ordnung und wer sorgt dafür, dass sie befolgt wird?" will ich nun wissen.

Nido: "Eine Frage eigentlich für Theosophen; nach meiner Erkenntnis dürften die Gesetze des Universums je nach Entwicklungsstufe und Energiezustand unterschiedliche Gültigkeitsbereiche haben. Eine einheitliche Formel wird es in der kosmischen Gesetzmäßigkeit nicht geben können. Wie sonst bliebe die Dynamik, die Vitalität in der Schöpfung erhalten. Die von irdischen Dachorganisationen angestrebte globale Mischrasse liegt nicht im Sinne der Schöpfung, denn die Unterschiede sind es, die Kulturen und Gesellschaften zu Entwicklungssprüngen helfen, Gleichförmigkeit schläfert ein, verhindert kreatives Denken.

Den Weg in eine alle Völker befreiende Urreligion dürfen wir uns nicht weiter verbauen lassen. Wir sollen lernen, das Böse in und um uns in höhere Werte umzusetzen.

Frühe, vorsinflutliche Könige von Atlantis waren, wie schon vor Jahren beschrieben, auch die Gralskönige, wie die ersten Pharaonen Ägyptens. Als Hüter des Wissens vom Heiligen Gral gelten die frühen chinesischen Kaiser und die Sonnenkönige vom antiken Peru und Mexiko. Das von ihnen gepflegte Geheimwissen ging ein in die abendländische Kultur. Ihre Dome und Gotteshäuser hält die christliche Kirche für den erhabensten Schatz ihrer Religion, in Wahrheit aber sind sie darüber hinaus geheime Gralstempel und die heiligen Stätten der kommenden wassermannischen Rückkehr der Menschen zu Gott. Aus dem Nebel des Fische-Zeitalters, des Kaliyuga treten wir ein in das lichte Aeon des Wassermann."

Paco, nicht gerade angetan von "esoterischem Schnickschnack", richtet sich an Herrn Nido: "Ist es zu viel verlangt, wenn ich nach den Umtrieben der Freimaurer und ähnlicher Organisationen im Vatikan frage, und wie weit Karl Wojtyla mit der Globalisierung zu tun hat?"

Unser Gastredner lässt sich eine Flasche Wasser bringen; er sagt:

"Einigermaßen bekannt ist das 1966 veröffentlichte Buch eines Carrol Quigley, Geschichtslehrer von Clinton, mit dem Titel "Tragedy and Hope", in dem erstaunlich offen die Entwicklung der Geheimgesellschaften beschrieben wird. Quigley selbst war Hochgradfreimaurer der strengen Loge der Illuminaten, wo er 20 Jahre lang geheime Akten studieren konnte. In seinem 1300 Seiten starken Buch vertrat er die Meinung, dass die Freimaurer inzwischen eine unangreifbare Macht erreicht hätten und aus dem Schatten der Verschwörung heraustreten dürften. Das Buch verschwand plötzlich aus Buchhandlungen und Bibliotheken und wurde nicht mehr aufgelegt. Das Werk hätte die Mächtigen schliesslich wegen fehlender Geheimnisumwitterung entmachtet; ihre wirklichen Pläne mussten weiterhin im Dunkel bleiben. Eine logische Entwicklung, wenn die Geheimgesellschaften Eingang finden konnten bei Kirchen und Religionen; sie ergänzten einander, vor allem auf wirtschaftlichem Gebiet.

Kaum jemand hat davon gehört, dass der amtierende Papst der Christenheit, Sohn einer jüdischen Mutter ist, die vor der Ehe mit dem polnischen Eisenbahner Wojtyla, den typischen Namen >Katz< trug. Weil er Abkömmling einer Jüdin ist, gilt er nach jüdischem Verständnis als echtes Mitglied ihrer Rasse und Religion.

Diese Deutung von der Herkunft des Stellvertreter Gottes auf Erden erschien dem bekannten jüdischen Historiker Martin Gilbert allzu simpel; nach seiner Auslegung "verschwanden" die jüdischen Eltern des Papstes natürlich in einem Konzentrationslager der Nationalsozialisten. Anrührend jedenfalls, wie der damals Zweijährige von seinen Eltern bei einer katholischen Nachbarin versteckt werden konnte. Folgerichtig war es den Eltern des Karol Wojtyla nicht vergönnt, ihren Sohn nach dem Krieg in die Arme zu schliessen. Vervollständigt wird die Dramaturgie durch die Aussage eines Krakauer Geistlichen, der es 1945 ablehnte, den kleinen Karol zu taufen, weil dies seine leiblichen Eltern wahrscheinlich nicht gewollt hätten. Soviel Rücksichtnahme eines offiziellen Katholiken auf jüdische Empfindsamkeiten waren in jener Zeit in Polen nicht so selbstverständlich.

So erstaunt es kaum, wenn der Papst nun Ziele verfolgt, die mit dem Judentum, der Globalisierung, der Rassenvermischung und der Eine-Welt-Regierung übereinstimmen. Auch wenn er es je gewollt hätte - er kann nicht nur Oberhirte der katholischen Kirche sein, er darf bestenfalls auf der Schiene christlich-jüdischer Verständigung fahren, was ja seine Besuche in JerU-SAlem und sein Bußgang an die Klagemauer verdeutlichen. Alle Welt hat sein "mutiges >mea culpa<" vor der Holocaust-Gedenkstätte zu würdigen gewusst. Er ist erkennbar über den zeitweiligen polnischen Patriotismus hinausgewachsen, wofür er Schelte in Kauf nahm.

Für Ungläubige, das heisst für Menschen, die nur an Gott, aber an keine Alleinseligmachende und nicht an den unfehlbaren Stellvertreter Gottes auf Erden glauben können, hat der Oberhirte ohnehin an Bedeutung verloren."

Karola will nun als Katholikin wissen, was es denn mit dem Attentat auf sich habe, dem Johannes Paul II. im Jahre 1981 beinahe erlegen wäre und wie das mit der Prophezeiung zusammenhinge, nach der der vorletzte Papst einem Mordanschlag zum Opfer fallen sollte.

Spontan ergreift Paco das Wort:

"Wahrscheinlich ist diese Prophetie deswegen hinfällig geworden, weil Wojtyla kein echter Papst sein kann! Als der wahre Oberhirte könnte Papst Johannes Paul I gelten, der ja einem verheimlichten Mordanschlag zum Opfer fiel. Vielleicht ist der Attentäter von damals aus einer ganz anderen Ecke gekommen und kam wegen seiner ungeklärten Verdienste so glimpflich davon. Der Anschlag auf Wojtyla sollte möglicherweise die Prophezeiung von Malachias bestätigen helfen."

Das erstaunt die Runde, weniger offenbar Herrn Nido, der aufreizend weise in sich hineinlächelt.

Manfred: " Was ich besonders ärgerlich finde, ist die in allen Medien angekündigte Offenlegung des >dritten Geheimnisses von Fatima<, die nach dem Besuch dieses heiligen Ortes in Portugal kundgetan werden sollte. Stattdessen kreisste der Berg des Vatikans und gebar eine Maus mit der nichtssagenden Notiz, wonach das 3. Geheimnis darin bestünde, dass auf ihn, den Bischof von Rom, nun Stellvertreter Gottes, ein Attentat am 13. Mai 1981 verübt werde. Genau das war schon seit damals aus allen einschlägigen Medien zu erfahren. Ich kann nicht glauben, dass dies das ominöse Geheimnis der Hirtenkinder von Fatima sein soll - sofern es je eines gegeben hat. Ein Auszug aus dem "dritten Geheimnis von Fatima" besagt laut Darstellung vom zuständigen Kardinal Ratzinger , wie die Hirtenkinder in einem "ungeheueren Licht, das Gott ist", etwas sahen, das aussieht wie Personen in einem Spiegel, wenn sie davor vorübergehen, einen in Weiß gekleideten Bischof. Da hatten die Kinder die Ahnung, es war der Heilige Vater. Sie sahen verschiedene andere Bischöfe, Priester, Ordensmänner und Frauen einen steilen Berg hinaufsteigen, auf dessen Gipfel sich ein grosses Kreuz befand aus rohen Stämmen wie aus Korkeiche mit Rinde. Bevor er dort ankam, ging dieser heilige Vater durch eine grosse Stadt, die halb zerstört war, und halb zitternd...betete er für die Seelen der Leichen, denen er auf seinem Weg begegnete....Da wurde er auf Knien von einer Gruppe von Soldaten getötet. die mit Feuerwaffen und Pfeilen auf ihn schossen. Genau so starben nach und nach die Bischöfe, Priester, Ordensleute und verschiedene weltliche Personen. Das trifft nun einmal auf den gegenwärtigen Papst nicht zu: Er kniete weder in der Menge noch wurde er getötet.

Wie Peter Fiebag, SZ, dazu erläutert, wären auch 1917, im Wunder von Fatima Visionen geschildert worden, die verblüffende Ähnlichkeiten mit biblischen Gotteserscheinungen wie auch modernen UFO-Sichtungen aufwiesen. In den sogenannten ersten beiden Geheimnissen, sollten das Ende des Ersten Weltkrieges, der Ausbruch des Zweiten Weltkrieges, Hungersnöte und auch die "Verfolgung der Kirche" angekündigt worden sein. Die dritte Botschaft sollte bekanntlich schon vor 40 Jahren veröffentlicht werden".

Nido: "Deine Verärgerung ist verständlich, vor allem weil nie ausreichend bekannt wurde, dass letztlich alle Offenbarungen, Prophezeiungen etc., die das Millenium betreffen, schlicht abgewendet wurden oder aus Gründen der Zeitverschiebung nicht fällig sein konnten. Vom Papst und von der Amtskirche Wahrheit fordern wollen, war und ist zuviel verlangt - aufgrund ihrer Zielsetzungen verstehen sie darunter was ihnen angemessen erscheint. Dazu ein Wort von Rudolf Steiner, der vorübergehend mit Hitler bekannt war: "Was der Esoteriker in besonderem Maße zu pflegen hat, ist das Gefühl für die Wahrheit. Unter keinen Umständen darf uns jemals etwas hindern, frei und offen die Wahrheit zu sagen. Jeder Versuch, die Wahrheit zu beugen, muss irgendwann einmal gesühnt werden..."

Das auf irrer Gläubigkeit basierende Programm der Kirche erfordert laufende Täuschung der Getauften wie auch die Ausgrenzung oder Bekehrung Ungläubiger. Vor den Mitgliedern einer merkwürdigen Stiftung namens >Centesimus Annus - Pro Pontifice< erklärte Wojtyla, am 10. September 1999, offen genug, dass er die Globalisierung voranbringen helfe, bis das kommunistisch-kapitalistische Ideal der >One-World< erreicht ist. Es sei nicht gerechtfertigt, den globalen Markt wie auch die allmähliche Verschmelzung der Völker und Nationen abzulehnen. Es müsse vielmehr der Sinn für eine globale Gerechtigkeit geschärft und auch die >strukturelle gegenseitige Abhängigkeit< zur Kenntnis genommen werden.

"Zur Kenntnis nehmen" ist eine übliche Floskel der Internationalisten und bedeutet nach ihrer Sprachregelung >Anerkennen<, was nicht ausreichend geschieht. Gegen eine globale Gerechtigkeit nicht nur für die USA/Israel, wird sich niemand wehren, wohl aber gegen das, was dahinter steckt.

Wie in >Pro Fide Catolica< nachzulesen ist, erweist sich der falsche Papst als Verbündeter der Globalisierer. Zur allgemeinen Entspannung merke ich an, dass die Herrschaften nicht mehr ungehindert aus einem selbsterschaffenen Himmel agieren können - zuviele Menschen sind kritisch geworden wie Vulkane vor dem Ausbruch.

Ein Papst ist nach allgemeinem Verständnis für mehr Geistigkeit, die seelische Befindlichkeit seiner Schäflein zuständig und sollte keinesfalls materialistische

Machtstrukturen unterstützen, obwohl er ungewollt zur evolutionären Transformation der Menschheit auf eine höhere Ebene mit beiträgt".

Nido gönnt sich einen guten Schluck aus dem Weinglas. Wir, die Zuhörer verharren in gespannter Ruhe; sein Gesichtsausdruck vermittelt Konzentration. Er fährt fort:

"Die Deutschen wie die Juden fänden es schockierend, falls bewiesen würde, dass Hitler das uneheliche Kind eines Juden gewesen ist. Nachweislich ist immerhin die Dienstbotentätigkeit seiner Mutter bei einem wohlhabenden Juden, der ihr das Geld für den Kauf eines Häuschens in Braunau zukommen liess. Wie bekannt, heiratete sie, die bereits schwanger gewesen sein soll, den Beamten Alois Hitler. Nach dem Rasseverständnis der Judenheit steht ein jüdischer Vater ohnehin nicht für eine Zugehörigkeit seines Kindes zu ihrem Volk.

Es ist nicht gesichert, ob Adolf Hitler selbst wusste, dass er Halbjude sein könnte. Bei Wojtyla wäre der genetische Nachweis möglich, bei Hitler nicht. Seine sterblichen Überreste sind zumindest nicht verfügbar.

Eine solche Wahrheit würde Staub aufwirbeln, die Gemüter verdüstern und verboten werden.

Versuchen sie einmal, ihren Freunden folgendes nahezubringen: Adolf Hitler ist die Reinkarnation Jahwes, der nach apokrypher Darstellung 762 Jahre alt geworden, also gestorben sein müsste; er stand abrufbereit für eine Wiederverkörperung wie sie zum normalen religiösen Verständnis seit urdenklichen Zeiten gehört.

Die Heiligen Bücher der Juden lehren schliesslich, dass Jahwe seinem auserwählten Volk die Vernichtung benachbarter Völker, besonders solcher aus dem Norden, als gottbefohlen nahelegte, wodurch sie, die Juden, im Laufe der Geschichte in alle Winde zerstreut, Verfolgung und physische Drangsalierungung seitens ihrer Wirtsvölker zu ertragen hätten, was er ja als Strafe für den Ungehorsam der Stämme Israels angekündigt hatte. Ausserdem haben die Juden mit Hilfe kaballistischer Zahlentricks Jahwe überlisten wollen. Über gezinkte Opferzahlen, auch als Brandopfer bekannt, wollten sie die Gründung des Staates Israel rechtfertigen und erzwingen. Sogar in Abstimmung und Zusammenarbeit mit dem eher willkommenen Feindbild, dem Nationalsozialismus, wobei Hitler seine Rolle spielen durfte. Man sollte die auffallend deutsch-nationale Einstellung vieler in Deutschland lebender Juden nicht vernachlässigen, was den strenggläubigen Obertanen der Judenheit ein Dorn im Auge gewesen sein muss.

Im 1.Weltkrieg kämpften rund 100.000 deutsche Juden für das Reich, dem sie sich zugehörig fühlten; 12.000 von ihnen sind gefallen. Das dürfte dem Verlust-Anteil der "echten" Deutschen gleichkommen. Wie die vielen und auch hohen Auszeichnungen beweisen, waren sie ebenso tapfer gewesen. Es wäre unverständlich, wenn die Nationalsozialisten dieser Tatsache nicht gerecht werden wollten. So ist keineswegs auszuschliessen, dass führende Leute im Dritten Reich wie auch bei den Zionisten, übereinkamen, die deutschen Bürger mosaischen Glaubens als Elite für die Gründung des Staates Israel vorzubereiten und einzuordnen; sie sollten den Staat der Juden im gelobten Land, vielleicht auch auf Madagaskar mit aufbauen helfen. Sie, die höher motivierten und besser gebildeten Juden wurden zum Verlassen Deutschlands durch Terror gezwungen, den nicht unbedingt die Nazis allein so wollten. An der Seite der Deutschen hätten sie erneut das Priorat von Zion in Frage gestellt. Vom Judaismus getriebene Oberjuden waren bei den deutschen Juden nicht beliebt; ebenso wenig wie die allgemein aus dem Osten stammenden jüdischen Einwanderer.

Ein esoterisch denkbares Ereignis also, wenn Jahwe sich als Hitler reinkarnierte, um den Seinen nahe zu bleiben und um sie wieder in die Arme nehmen zu können. Aus der Sicht von Stammesgöttern und überirdischen Stellvertretern eine logisch erscheinende Entwicklung. Eine durchaus nicht abwegige Deutung: Hitler könnte für die wissende Judenheit die letzte Chance vor dem Eintritt in ein neues Zeitalter bedeutet haben. Damit diente er eher unbewusst als Katalysator, nicht zuletzt für die Führungsschicht des jüdischen Volkes, der allgemein die deutschnationalen Juden als erklärte Gegner galten. Viele dieser störenden Glaubensgenossen sind folgerichtig von den reinen orthodoxen Juden selbst umgebracht oder zur Eliminierung freigegeben worden, wenn ihr Abtransport nach Palästina oder USA nicht gesichert war.

In einem 1997 erschienenen Buch von Gregory Douglas "Gestapo Chief, The 1948 Interrogation of Heinrich Müller", dass dieser, im Gegensatz zu seinem Namensvetter, nach 1948 unter Harry S. Truman, zur Spionage gegen Moskau eingesetzt, zu berichten wusste, wie Hitlers Double als Selbstmord getarnt, ums Leben kam, während der echte Hitler aus Berlin ausgeflogen wurde. Ebenfalls eine Behauptung, die besser erst dann wahr genommen wird, wenn die Herrscher über die Beherrschten aufgeben müssen.
Ein Jahrhundert steht nun bevor, das nicht mehr von den USA und Israel, sondern von Europa einschliesslich Russland geprägt wird".
Nido sieht prüfend in die Runde und kann in die verblüfften Gesichter sehen, bevor er fortfährt:
"Aus Hitler und Wojtyla wie auch aus Napoleon sind Persönlichkeiten der Weltgeschichte geworden, die jeweils ihren Auftrag erfüllten - von wem bleibt offen. Wir können von Hitler als einem nationalen Sozialisten ausgehen.

Wojtyla dagegen ein überzeugter Globalist, was ja nicht nur seiner Kirche eine grosse Hilfe sein musste, trotz seiner deutlichen Vorliebe für die merkantile Gesellschaft. Auch ein katholischer Oberhirte sagt nicht immer das, was er denkt und schon gar nicht, was er plant - jeder "gute" Politiker und Schauspieler beherrscht dies Spielchen. War dieser Papst nicht ein Laien-Schauspieler in jungen Jahren gewesen?

Der heute umstrittene Seher Nostradamus hatte ein eher gestörtes Verhältnis zum Papsttum und nannte vorausschauend, das 1870 verkündete Unfehlbarkeitsdogma einen " Skandal der Kirchenleute" und erkannte im Vatikan einen grossen Supermarkt, einen Ort, wo es Gold im Überfluss gibt; Rom sei die Stadt des Klingelbeutels. Die Inquisitoren, die Dominikaner, nannte er die >Domini canis<, die Hunde des Herrn. Nostradamus verstand es dennoch, die Scheiterhaufen zu umgehen; erst 1781 wurden seine Centurien auf Betreiben der Jesuiten verboten und auf den Index gesetzt. Gut für ihn, dass seine Prophezeiung in 5,73: "Von Gott wird die Kirche verfolgt werden, die heiligen Tempel geplündert", die Eiferer im Namen des Herrn die Weissagung nicht rechtzeitig entdeckten. Nostradamus war ein mutiger Mann".

Nur um einer Denkpause willen: "Ich erinnere mich an den in den 60er Jahren berühmten Heiler Bruno Gröning, der damals schon eine Abkehr vom Materialismus anmahnte. Er nannte die Materie eine gebundene Kraft; wir seien an einer Zeitenwende, die das Greifbare nicht mehr als die alleinige Realität gelten lässt. Der große, noch unerforschte Ozean der Wirklichkeit liege vor uns. Die Seele ist die Kraft, die den physischen Körper aufbaut und erhält; der Körper das Haus, das der Mensch als beseeltes Wesen bewohnt".

Karola wirft ein: "Wie kommt es, dass ein Papst zwar von Spiritualität redet, aber materialistisch handelt -

sind wir hier fortgeschrittener als Wojityla, wie ist es möglich, dass ihm trotzdem Macht zukommt?"

Nido: "In einer Zeit des Übergangs wirken noch die Kräfte des Kaliyuga, wir müssen uns mit einer Vielzahl Prominenter abfinden, die jetzt verstärkt ihre Positionen ausspielen dürfen, obwohl immer mehr in der sogenannten schweigenden Mehrheit auf einer höheren Ebene angelangt sind, sich aber wegen ihrer Veranlagung nicht ausreichend bemerkbar machen können. Wenn sie zur falschen Zeit aufbegehrten, gewönnen möglicherweise kapitale Materialisten ein weiteres mal die Oberhand. Nehmen Sie an, dass die Mächtigen simple Figuren auf einem Schachbrett darstellen, in einem Spiel, dessen Regeln möglichst wenige verstehen sollen."

Manfred bittet um das Wort, er strahlt Zufriedenheit aus über den ergiebigen Informationsfluss, er fragt: "Oft habe ich mir Gedanken gemacht, wie über den Großen dieser Welt auffallend oft eine schützende Hand waltet, die sie nicht nur einmal vor einem frühen Abgang bewahrte. Kann das nur ein Indiz sein für Auftraggeber aus der Geistigen Welt oder ist das schon ein Beweis für eine schicksalhafte Führung, der nicht zu entrinnen ist?"

Im Lokal stehen plötzlich drei schwarz gekleidete Herren mittlerer Größe, von bedrohlichem Habitus und mit feierlich-schwarzen Hüten. Langsam, fast wie Roboter, gehen sie auf Nido zu. Der Mittlere: "Ihre Zeit hier ist zu Ende, wir müssen sie bitten". Zutiefst erschrocken, ja erstarrt, beobachten wir die unwirklich erscheinende Szene. Mir fällt ihre gelblich braune Hautfarbe auf, Augenbrauen kann ich nicht in ihren, wie geklont wirkenden Gesichtern, erkennen.

Manfred baut sich vor Nido auf und sagt:

"Der Herr Nido ist unser Gast, sie können nicht über ihn befinden, lassen sie uns in Ruhe!" Mit einer kaum merklichen Handbewegung drückt ihn einer der Schwarzgekleideten beiseite.

Karola, wie in Trance: "Was wollen diese Typen - tut doch was!"

Paco, der allzeit praktisch denkende: "Zeigen sie ihre Ausweise"! Darauf reagieren die Herren nicht. Sie wissen mit dieser Aufforderung nichts anzufangen. Wer weiss, woher sie kommen.

Bin ich noch kräftig und reaktionsschnell genug? Auch Manfred hat nicht die geringste Chance einer Abwehr.

Den anwesenden Spaniern erschien der Auftritt wie ein unter Ausländern übliches, wenn auch unverständliches Gebaren.

Ausser Paco keiner, der Deutsch versteht. Viel zu schnell geht das Unheimliche vor sich. Agenten eines Geheimdienstes? Die würden unmöglich so auffallend sich bewegen. Sie tragen keine sichtbaren Waffen. Sie selbst sind Bedrohung genug.

Nido steht auf, er wirkt gefasst.

"Unter falschem Namen haben sie sich also einge-führt, darüber reden wir noch - draussen", tönt der in der Mitte. Eine Stimme, weitab vom gewohnten Wohl-klang einer Sprache. Dennoch grammatisch korrekt.

Der Wirt hebt den Hörer ab, offenbar, um die Polizei zu rufen.

Einer der Eindringlinge reisst mit einem kräftigen Griff blitzschnell das Kabel ab, ohne ein Wort zu sagen.

Die drei Finsterlinge nehmen Nido in die Mitte, der nur "Auf Wiedersehen" sagen kann, bevor er aus der Tür gedrängt, sich noch einmal uns zuwendet. Er wirkt dennoch nicht wie einer, den man zur Schlachtbank führt.

Wir stürzen an das zum Marktplatz führende Fenster. Was wir wahrnehmen ist Dunkelheit. Merkwürdig still vor Mitternacht, eine Zeit, in der hier vernehmbar Le-ben herrscht. Im ferneren Teil von Casares kläffen die Hunde.

Stichwortverzeichnis

221

224

233